ETF로
부사관
역량강화

황대건 지음

ETF로 부사관 역량강화

초판 발행 : 2025년 10월 1일 초판 1쇄

지은이 : 황대건

교정교열 : 최준호

프로필 사진 : 이세계 스냅 의뢰소

펴낸 곳 : (주) 드림벙커

주소 : 인천광역시 서구 청라에메랄드로 102번길 8-22

홈페이지 : www.dreambunker.com

이메일 : dreambunker9@gmail.com

등록일자 : 2025년 01월 24일

등록번호 : 제356-2025-000005호

ISBN : 979-11-991611-3-9 (03320)

ETF로
부사관
역량강화

목 차

들어가며

1장. 행보관의 전술노트

2장. 미국 주식이란?

3장. 성공 비결은 ETF!

4장. 전략

5장. 절대 원칙

6장. 계급별 투자 전략

에필로그

네이버 카페 리치군인

함께 하는 재테크 스터디

군인과 가족들에게 필요한 지식을 진심으로 나눕니다.

<도서출판 드림벙커>

들어가며

결국 미국주식 ETF다.

"적금 붓고, 군인공제회 가입하고, 그게 최고야."

내가 처음 입대해서 많이 들었던 말 중 하나다. 상급자부터 동기까지. 거의 모든 군인들이 꼭 한 번쯤은 들었을 것이다. 나도 그게 내가 할 수 있는 최선인 줄 알았다.

그런데 주변을 잘 살펴보니 이상했다. 전역이 가까워지는 선배, 군대가 싫어서 전역을 선택한 후배, 그들이 손에 쥔 건 생각보다 초라했다. 적금과 군인공제회로는 결코 미래를 준비할 수 없다. 그렇지만 적금도, 군인공제회도 아무것도 안 하는 것보단 백 번 나은 선택이다. 일부 사람들은 적금이나 군인공제회도 가입하지 않고 급여의 대부분을 소비하는 사람들도 많은 걸 생각하면 말이다.

하지만 문제는 그 다음이다. 물가 상승, 집값, 자녀들에게 물려줄 자산의 격차. 하지만 그 무엇보다 화폐 가치가 하락하는 것을 절대 뛰어넘을 수 없다. 세상은 빠르게 변화하고 저축과 절약만으로는 나의 미래를 지키기 어려운 시대가 온 것이다. 그 변화의 속도는 우리가 생각하는 속도보다 훨씬 빠르다.

그렇다면 우리는 무엇을 실천에 옮겨야 할까? 바로 '전투'를 해야 한다. 내 자산을 지킬 수 있는 무기를 찾아 전투에서 승리해야만 나의 미래를 지킬 수 있다. 그래서 나는 '미국 주식'이라는 무기를 선택했다.

"미국 주식? 괜히 했다가 내 돈 전부 날리는 거 아닌가?"

그 공포와 두려움을 나도 똑같이 느꼈다. 하지만 두려움은 아무것도 모를 때 가장 크게 느껴진다. 내가 싸워야 할 대상을 정확하게 알면 싸워 이길 수 있다.

나는 왜 수많은 투자대상 중 미국주식을 선택했을까? 세계에서 가장 크고 유력한 기업들이 상장되어 있고 분기 또는 매달 배당을 주며, 장기 복리의 마법이 작동하는 동시에 달러 자산이라는 안정성까지 갖췄기 때문이다.

> "돈이 움직이는 곳에서 싸워야 한다. 그게 내가 미국 주식을 택한 이유고 내가 선택할 수 있는 최고의 선택지이다."

나는 금융 전문가도 아니고, 전문 투자자도 아니다. 현재 육군 상사, 행정보급관으로 복무 중인 군인이다. 나는 내가 경험한 실전투자 경험을 공유하기 위해 이 책을 쓰고 있다. 단순한 재테크 책이 아닌 대한민국 모든 군인들에게 알려주는 투자 교범이다.

동시에 아무 의미 없이 전역하는 군인들에게 꼭 알려 주고 싶다. 그들은 말한다. "봉급이 적어서", "미래가 불안해서", 그래서 전역한다고 말이다. 그건 내가 받은 봉급이 부족한 게 아니다. 돈을 어떻게 다뤄야 하는지 모르는 것이다.

내 주변에는 코인에 많은 돈을 투자하는 사람도 있고, 그냥 좋다고 해서 주식을 매수해서 가지고 있는 사람도 있다. 하지만 대부분 투자에 대한 명확한 이해 없이 유튜브 또는 뉴스에서 나오는 내용을 보고 투자를 한다. 그렇게 과연 투자 자산이 늘어났을까? 절대 그렇지 않다. 오히려 더 큰 낭떠러지로 떨어지고 있을 뿐이고, 투자에 대한 부정적인 경험이 쌓여간다.

기초를 탄탄하게 다지지 않고 만든 건물은 금방 무너진다. 투자도 똑같다. 금융 지식을 기초부터 탄탄하게 만들고 시작해야 전쟁 같은 금융 시장에서 살아남을 수 있다. 그래서 말하고 싶다. 군인도 투자할 수 있다. 군인도 자산을 불릴 수 있다. 군인도 전역 후 미래를 준비할 수 있다. 그 시작이 바로 '미국 주식'이라고 말하는 것이다.

당신이 군인으로 전역을 했든, 아직 현역으로 복무 중이던,

아니면 다른 직업의 독자인지는 중요하지 않다. 이 책을 펼친 당신은 이미 투자자로서 출발했다. 행보관이 끝까지 알려 주겠다. 미국 주식의 기초부터 탄탄하게 배워보자.

투자에 대한 부정적인 실패만 보지 말고, 급여가 적다고 전역하지 말자. 우리는 급여가 적지 않고, 시간이 없지 않다.

"주식은 겁낼 게 아니다. 제대로 알고 꾸준히 하면 당신의 미래를 바꿀 수 있는 최고의 수단이다."

투자를 실패한 군인은 꽤 많다.

군인으로 복무하면서 주식 투자를 하는 군인들을 몇몇 봐왔지만 그중에서 성공한 이야기는 드물고, 실패담은 흔하다.

왜일까? 이유는 단순하다. 원칙 없는 투자를 했기 때문이다.

그러나 많은 이들이 이를 간과한 채 이슈에만 반응하여 묻지마 투자, 단기 매매에 뛰어들었다. 그 결과는 뻔하다. 원금 손실과 좌절뿐이었다.

나는 이 책에서 군인들이 실제로 겪은 몇 가지 대표적 실패 사례를 정리했다. 굳이 실패 이야기를 먼저 꺼내는 이유는 단 하나다. 실패를 알면, 그 반대로 가면 된다. 동기의 실수에서 배우듯, 투자도 마찬가지다. 다른 이들의 실패담은 우리가 피할 수 있는 가장 값진 교훈이다.

동기 따라 산 미국 주식

부대에서 정비업무 중인 이 중사에게 동기가 다가왔다.

"야, 미국 주식 ○○ 알지? 요즘 떡상 중이야."

"오, 그래? 어떤 종목 이야?"
"애플처럼 간단해. 이름만 들어도 알 수 있어."
"그냥 없는 돈이다 생각하고 좀 사둬!

순간 이 중사의 머릿속은 복잡해졌다. '동기가 저렇게 자신 있게 말하는데, 안 사면 바보 아냐? 나도 기회 잡아야지.' 그날 저녁, 숙소에서 불을 끄고 누워 휴대폰을 켰다. 종목을 정확히 확인하지도 않고, 대충 기억나는 이름으로 검색해서 매수 버튼을 눌렀다.

처음엔 큰 변화가 없었다. 하지만 몇 달 뒤, TV 뉴스 자막에 '○○, 실적 부진'이라는 문구가 흘렀다. 다음 날 확인한 계좌에는 파란색 −50%가 찍혀 있었다. 믿기지 않았다. 서둘러 동기에게 물었다.

"야, 너 그때 산 ○○ 맞지? 나 반토막 났어."
"무슨 소리야? 내 건 두 배 올랐는데?"

그제야 알았다. 자신이 산 건 동기가 말한 종목이 아니라 발음이 비슷한 전혀 다른 회사였다. 티커명 하나만 제대로 확인했더라면 막을 수 있었던 일이었다. 이 중사는 탐욕에 눈이 멀어, 제대로 확인도 하지 않고 대충 듣고 매수하는 실수를 저질렀다. 작은 부주의가 서로 전혀 다른 결과를 만들어냈다. 동기는 웃고 있었지만, 그는 깊은 좌절감에 빠졌다.

"내가 뭘 한 거지? 확인만 했어도 이런 일은 없었을 텐데…"

군 생활의 피곤한 일상 속에서 '한 번에 벌어보자'는 조급함, 그리고 대충 넘어가려는 안일함이 겹치면서 결국 큰 손실로 이어졌다. 투자에서 가장 무서운 적은 시장이 아니라, 바로자신의 부주의와 탐욕이라는 사실을 뼈저리게 깨달은 순간이었다.

뉴스·유튜브만 보고 ETF 따라 산 병장

김 병장은 하루 일과를 마치고 생활관 침상에 누우면 늘 스마트폰을 꺼내 유튜브를 켰다. 인기 많은 투자 유튜버들이 테마 ETF 이야기를 쏟아내고 있었다.

"2차 전지 ETF, 무조건 갑니다!"
"우주산업 ETF, 미래는 이쪽이에요!"

뉴스에서도 같은 종목들이 연일 언급됐다. 그때마다 김 병
장은 단순하게 생각했다. '뉴스에도 나오고, 유명 유튜버도 말
하는데… 이건 오를 수밖에 없겠지?' 그는 고민 없이 매수 버
튼을 눌렀다. 메타버스, 2차전지, 우주산업… 인기 있는 테마
ETF가 보일 때마다 월급을 쏟아부었다. 처음에는 수익률이
눈에 띄게 올랐다. 계좌는 온통 빨갛게 물들었고, 그는 동기들
앞에서 당당히 말했다.

"야, 투자 별거 없더라.
그냥 유튜브에서 말하는 거 사면 돼!"

하지만 기쁨은 오래가지 않았다. 몇 달 후, 메타버스는 시
들해지고 우주산업 ETF도 거래량이 급감했다. 뉴스에서 사라
지고, 유튜버들의 입에서도 더 이상 다뤄지지 않자 가격은 천

천히, 그러나 확실히 추락하기 시작했다.

군대에서는 훈련으로 하루가 금세 흘러가지만, 주식 계좌의 파란색은 시간이 갈수록 더 짙어졌다. 김 병장은 점점 불안해졌다. '언젠가는 다시 뉴스에 나오겠지… 유튜버들이 또 다뤄주겠지…' 하지만 그 기대는 끝내 현실이 되지 않았다. 결국 그는 돈만 잃은 게 아니었다. ETF가 반토막 난 순간, 그의 자신감도 함께 무너졌다. 훈련에 집중하지 못하고, 자잘한 실수를 반복했다. 돈 때문에 멘탈이 무너진 군인이 된 것이다.

김 병장의 잘못은 단순했다. 본인의 원칙 없이, 뉴스와 유튜브라는 외부 소음만 따라간 것이다. 기초 자산이 무엇으로 구성되어 있는지도 모른 채, '유행'을 좇아 매수한 결과는 처참했다. 투자는 유행을 따르는 군중심리보다, 자기만의 원칙과 검증된 전략이 필요하다. 김 병장의 실패는 이를 뼈저리게 보여주는 사례였다.

안전하다고 믿은 은행 '원금 보장' 상품

최 상사는 은행 창구에 앉아 직원의 말을 들었다.

"원금이 보장됩니다. 걱정 안 하셔도 됩니다."
"군 생활하면서 모은 돈, 잃으면 안 되니까… 원금만 보
장되면 안전하겠지."

그 한마디에 안심한 그는 망설임 없이 계약서에 서명했고,
5년이 흘렀다. 만기일에 통장을 확인한 순간, 최 상사는 충격
을 받았다. 수익률은 고작 연 1% 남짓. 원금은 지켜졌지만, 화
폐가치는 5년 전과 비교 할 수 없었다. 계좌에 찍힌 숫자는 그
대로였지만, 실제로는 라면 한 박스조차 5년 전보다 훨씬 비싸
졌다. 원금 보장은 결코 가치 보장이 아니었던 것이다.

그가 잃은 건 단순한 이자가 아니라 시간과 기회였다. 같
은 기간 S&P500 ETF에 투자했다면 자산은 몇 배로 불어났
을 것이다. 그러나 그는 안전하다는 말 한마디에 현혹되어 가
장 비싼 손실, 기회비용을 치르고 만 것이다. 투자 세계에서 원

금 보장은 종종 손실 회피 심리에 불과하다. 잃지 않는다는 안
도감 뒤에는 벌 수 있는 기회조차 포기한다는 함정이 숨어 있
다.

　위와 같은 실패 사례는 단순한 군인 개인의 이야기가 아니
다. 군 생활이라는 특수한 환경에서 본인의 투자 원칙도 없이
감정으로만 투자했을 때 어떤 결과가 오는지 보여주는 교과서
다.

김을호 교수_추천사
<명지대학교 교육대학원 교육학과 주임교수>

군 생활에서 흔히 듣는 말은 "적금하고 공제회 가입해라"입니다. 하지만 저자는 거기서 멈추지 않고, 군인의 언어로 경제를 번역해 실행 가능한 투자 교범을 만들었습니다. 이 책은 단순한 재테크 입문서가 아니라, 군인과 청년 모두에게 주는 체계적 투자 매뉴얼입니다.

저자는 미국 종합주가지수 ETF를 선택한 이유를 명쾌하게 설명하며, 적립식·장기 보유·복리라는 원칙으로 성장의 과실을 나눌 수 있음을 보여줍니다. 군대식 사고로 풀어낸 작전·전력·규율은 단순한 비유가 아닌 투자 원칙의 핵심이며, 불필요한 매매 대신 전역 이후까지 이어지는 재무 체력을 키우도록 안내합니다. 군인뿐 아니라 사회 초년생 누구에게나 필요한 이 책은, 지수·적립·장기·규율 네 글자의 교범과 함께 흔들림 없는 미래를 약속합니다.

노영호 중령_추천사
<저서_군인가족 내집 마련 표류기>

『ETF로 부사관 역량강화』는 단순한 투자 입문서가 아니라, 군 생활이라는 특수한 환경 속에서도 실천할 수 있는 현실적 자산관리 해답을 제시하는 책입니다. 저자의 경험과 고민, 그리고 수많은 후임과 병사들을 이끌어온 현장의 목소리가 녹아 있어 독자들에게 신뢰와 공감을 줍니다.

군 생활은 바쁜 일과와 제한된 정보 탓에 자산을 적극적으로 불리기가 쉽지 않습니다. 이 책은 그런 문제의식에서 출발해, 군인도 경제적 자유를 준비해야 한다는 메시지를 군인의 언어로 전합니다. 작전을 준비하듯 투자에도 계획과 통제가 필요하며, 리스크 관리는 전술처럼 접근해야 함을 강조합니다.

또한 미국 주식 시장 분석, ETF 선택 기준, 환율·세금까지 꼼꼼히 다뤄 군인의 눈높이에 맞춘 실전 가이드북 역할을 합니다. 무엇보다 군인의 재정관리에 대한 인식 전환을 촉구하며, 올바른 전략과 꾸준한 실천으로 군 생활 속에서도 자산을 축적할 수 있음을 보여줍니다.

『ETF로 부사관 역량강화』는 병사에서 간부까지, 모든 군인에게 필요한 재테크 지침서이자 경제라는 전장을 돌파할 전술서입니다.

김지석 대위_추천사
<저서_8년차 김대위는 어떻게 집 3채를 샀을까?>

저자를 처음만난건 제가 소위로 임관한뒤 근무하게된 첫 부대에서 였어요. 보병의 소대장과 부소대장같은 관계인 전포대장과 전포사격통제관으로 근무했던 전우였지요. 시간이 지나 진급을 하고 결혼도 하여 가장이 되었을때 쯤, 저는 대건님께 미래를 위해 주식 투자는 필수이니 이젠 시작해보자고 제의했어요. 제가 해보니 미국 주식이 가장 안정적인 더라구요. ETF를 적금들듯 적립식으로 사보는건 어떠신가요? 그런데 그 당시 주식 투자에 부정적이던 저자의 반응은 항상 같았습니다.

"주식은 위험한거 아닌가요? "

"나는 20년 복무해서 연금받을꺼라 괜찮아요.
더 이상 강요하지 말아주세요."

아쉽게 끝난 2021년 어느 날의 대화, 이후에도 간간히 주식 투자의 필요성을 이야기 했지만 전혀 효과가 없었죠. 이후 꼬박 3년이 지난 2024년, 그 대화가 다시 시작되었어요!

"이젠 정말 주식을 해야겠어요. 뭐 부터 할까요?"

마침내 증권계좌조차 없이 시작된 여정은 저자의 책이 출간된 이 시점에도 불과 1년이 되지 않았는데요. 이 책은 저자가 군인의 시각에서 쓴 실전적 투자 지침서입니다. 저는 자신 있게 말합니다. 주식 투자를 처음 시작하는 군인이라면 이 책을 보라고.

최원순 중령_추천사
<저서_군인 월급으로 재테크 성공한 11명의 이야기>

주식 투자를 시작한 지 불과 1년 만에 그는 완전히 달라졌습니다. 불어난 것은 단순한 금융 자산이 아니라 투자자로서의 태도와 철학이었습니다. 두려움 대신 확신을, 조급함 대신 원칙을 선택하며 지금은 안정적인 ETF 장기 투자자로 그 길을 성실히 걷고 있습니다. 군 생활에서 다져진 꾸준함과 절제는 그의 투자 철학 속에 고스란히 녹아 있습니다.

『ETF로 부사관 역량강화』는 단순한 투자 지침서가 아닙니다. 짧은 시간 안에 한 사람을 이렇게 변화시킨 힘, 그리고 "누구나 할 수 있다"는 메시지를 생생하게 증명하는 기록입니다. 읽는 내내 저자의 성실함과 진정성이 고스란히 전해져, 독자 스스로도 그 변화의 여정을 함께 걷는 듯한 경험을 하게 됩니다.

이성영 상사_추천사 <육군 부사관>

ETF로 부사관 역량강화는 중견간부의 시선에서 바라본 군대의 경제적 문제의식과 미국주식이라는 수단으로 미래를 준비하는 과정과 방법을 여지 없이 담았습니다. 이 책을 읽으면 알게 될 것입니다. 우리가 추구하는 안정감이 결코 '안전'하지는 않다는 사실을...

과거에 얽매인 프레임을 깨부수지 못한다면 점점 도태되어 갈 것입니다. 혹시 늦었다고 생각하지 마십시오. 그냥 지금 바로 이 책을 펼치십시오. 황대건 작가의 소중한 경험담은 군인이라는 공감대로 용기가 부족한 우리에게 희망을 주고 변화의 계기가 될 것입니다.

이서연 상사_추천사
<저서_군인 월급으로 재테크 성공한 11명의 이야기>

군인이 주식 투자를 한다고 하면 흔히 걱정과 우려의 시선을 받곤 합니다. 때로는 '문제아', '관심 간부'로까지 오해받기도 하지요. 그동안 일부 군인들이 제대로 된 공부 없이 지인이나 SNS에서 얻은 잘못된 정보에 의존해 무리한 투자를 하고, 심지어 대출까지 받아 손실을 겪었던 사례가 있었기 때문입니다. 하지만 이 책은 그런 우려를 단번에 없애줍니다. 주식 투자에 필요한 기초와 원칙, 올바른 투자 방법과 마음가짐은 물론, 군 복무 시기에 맞는 투자 전략까지 꼼꼼히 담겨 있습니다. 단순한 이론서가 아니라 군대에서 사용하는 일상의 언어로 쉽게 풀어내어, 독자가 실제 상황과 감정에 깊이 공감하며 이해할 수 있도록 구성되어 있습니다. 마치 행보관이 옆에서 전해주는 듯 따뜻하면서도 현실적인 조언은, 초보 투자자에게 든든한 힘이 되어줄 것입니다. 이 책을 읽다 보면 투자에 대한 두려움은 사라지고, '나도 할 수 있겠다'라는 자신감이 차오를 것입니다. 이제는 군인도 재테크를 해야 할 때! 걱정이 아닌 확신과 믿음으로 올바른 주식 투자를 시작해 보세요! 올바른 주식 투자는 경제적 어려움으로부터 해방되어 가정의 평화와 건강한 군 생활을 선사해 줍니다.

정연호 대위_추천사
<저서_군인 월급으로 재테크 성공한 11명의 이야기>

군대에서 자산을 증식하는 방법을 많은 사람들이 '적금과 군인공제회'로만 여깁니다. 결코 미래를 준비하는 충분한 정답이 될 수 없다는 것은 대부분 전역 이후에 깨닫습니다. 두려움 대신 저축에서 투자로 나아가야 한다는 메시지가 너무나 솔직해서 진짜 '재테크 교범'과 같은 느낌을 줍니다. 군인이라는 공감대 형성과 현실적인 조언은 자산을 지키고 키울 수 있는 든든한 무기가 어떤 것인지 알려줍니다. 내 자산을 지킬 수 있는 무기를 찾아서 전쟁하기 위해서는 '미국 주식 ETF'가 아닐까 하는 것에 깊이 공감합니다.

김민수 대위_추천사 <육군 장교>

군인의 삶을 단단히 지켜줄 또 하나의 전투력은 바로 재정적 전투력입니다. 저자는 군인의 언어와 전술적 비유로 낯선 투자 세계를 쉽게 풀어내며, 꾸준한 장기 투자라는 원칙을 통해 누구나 ETF라는 무기를 들 수 있음을 강조합니다. 이 책이 군인의 생애 주기에 맞춘 맞춤형 투자 전략서이자, 미래를 준비하는 이들에게 든든한 전우의 조언이 될 것이라 확신합니다.

최영웅 소령_추천사 (독서하는 군인, 독하군)
<저서_히어로 이펙트, 이게바로 갓생이군 외>

진정한 부(富)는 나눔으로부터 시작된다. 그와의 첫 만남에서 느꼈다. 개인의 이익보다 타인을 돕고자 하는 진심을. 자신의 이야기를 꼭 책으로 담고 싶다고 했다. 자신의 모든 것을 내어주는 글은 감동 그 자체다. 부사관들이여, 황 상사의 따뜻하고 진실된 조언에 귀 기울여보라. 군 생활을 넘어 인생이 변화될 것이다. 그리고 실천하라. 오늘, 지금, 당장.

리치비_추천사 (도서출판 드림벙커 대표)
<저서_군인은 어떻게 부자가 될 수 있을까>

내가 책을 내어 홍보하면 반드시 달리는 댓글이 있다. 운좋아서 주식으로 돈 벌었다는 둥 비꼬는 글이다. 주식 투자를 운이라고 생각하는 군인이 많다. 자신이 돈을 잃었으니 운이 나빴다고 생각하며, 자신이 잃을 수밖에 없는 방법으로 투자하고 있다는 사실은 인정하지 않는다.

황대건 상사를 처음 만났을 때, 책을 읽으라고 했다. 당장 투자하라고 하지 않았다. 그는 평생 책을 제대로 읽어본 적이 없다고 했지만, 나와 함께 하는 시간 동안 제대로 책을 읽었다. 그리고 투자를 시작했다. 자신의 무지를 깨고 시작한 투자를 자신 있게 주변에 알릴 능력이 생기면서 이 책을 펴도록 도와드렸다. 이 책이 황대건 상사의 동료 부사관들에게 널리 알려지길 기대한다.

네이버 카페 리치군인

함께 하는 재테크 스터디

군인과 가족들에게 필요한 지식을 진심으로 나눕니다.

<도서출판 드림벙커>

1장. 행보관의 전술노트

내가 알던 안정은 머무름이었다.

나는 늘 '안정'을 선택했다. 군인의 삶 자체가 그런 선택의 연속이었고, 익숙했다. 아침에 일어나 정해진 루틴을 따라 움직이고, 명령과 절차에 따라 판단하고 행동하는 삶. 그 질서 속에 안주했고, 그 안정 속에서 '도전'과 '성장'은 늘 뒷전이었다. 하지만 내 가까운 지인의 모습을 보고 내 삶에 '의문'이 생겼다. 젊은 시절 안정적으로 살아도, 과연 나의 노후는 안전할까? 그리고 그 질문은 곧 '행동'으로 이어졌다. 수년간 묵혀둔 고정 관념을 흔든 건 다름 아닌 미국 주식이라는 단어였다.

처음엔 낯설었다. 도대체 왜 '미국'인가? 국내 주식도 해본 적 없는 내가 '달러'를 가지고 투자를 한다는 게 말이 안 되는 일처럼 느껴졌다. 하지만 그 속에서 나는 내 삶을 바꿔줄 무기를 발견하게 된다.

군대에서는 어떤 장비를 다루던 처음에는 '어색함'이 있다. 하지만 반복해서 손에 익히고, 실제 훈련에서 쓰다 보면 그 장비는 나만의 '무기'가 된다. 또 다른 한 가지는 '전술' 없이는 전투에 나설 수 없다. 그렇기에 나는 '나만의 전술 노트'를 만들기 시작했다.

어떤 시장에 투자할 것인가? 내 투자 목적은 무엇인가?
감정이 흔들릴 때 어떤 기준을 따를 것인가?

이런 질문에 대한 나만의 답을 찾아가며, 나는 점점 시장에 흔들리지 않는 투자자가 되어갔다. 나는 매달 적립식 투자라는 루틴을 지켰고, 작은 수익보다 '지속 가능한 성장'을 택했다.

처음 주식을 시작했을 때의 나와 지금의 나는 전혀 다르다. 숫자보다 더 크게 바뀐 건 '마음가짐'과 '태도'이다. 자산이 늘어났기 때문에 안심하는 것이 아니라, 어떤 상황에서도 '지킬 수 있는 원칙'이 생겼기 때문에 흔들리지 않는 것이다.

자. 이제, 전투를 준비하자. 훈련소의 첫날이 낯설고 불안

하듯이, 주식의 첫 경험도 낯설 것이다. 지금부터 내가 주식 투자를 통해 겪은 실제 경험, 시장에서 살아남기 위해 만든 전략, 정신력을 지키는 방법을 전술처럼 정리해 줄 것이다.

행보관의 미국 주식 1년 체험기

나는 이전까지는 온몸으로 주식 투자를 부정했다. 어린 시절 아버지의 주식 투자 실패를 보았고, 그로 인해 경제적으로 어려웠지만, 자식들에게 실패한 모습을 보여주고 싶지 않으셨던 아버지는 묵묵히 60세가 넘도록 일만 하셨다. 그런 어린 시절의 기억이 내 머릿속에 뚜렷하게 박혀있었고, 자연스럽게 주식은 절대 하면 안 되는 것이라고 단정 지으며 돈은 열심히 일해서 모아야 한다고 생각했다.

그에 더 해 나는 아무것도 배우려고 하지 않았고, 의지도 없었다. 그저 국방부 시계에 온몸을 맡기고 흘러가는 대로 살았다. 내 돈은 안전한 군인공제회에 맡기고, '전역하면 연금으로 먹고살면 되지'라는 한심한 생각만 가득 차 있었다. 한마디로 나에게는 꿈과 미래가 없었다. 그런 내가 어떻게 미국 주식을 하게 되었는지 지금부터 설명하겠다.

나에게는 투자 멘토가 한 명 있다. 그는 나에게 투자를 권유했고, 나는 온몸으로 거부했다. 왜 자꾸 나에게 투자와 관련한 이야기를 해주는지 처음에는 이해할 수 없었다. 만날 때마다 그는 자신의 미국 주식, 부동산 이야기를 해주었고, 나는 그런 그에게 얘기가 현실성도 없고 나의 미래에는 없는 일이라고 단정하고 재미없으니 재미있는 이야기나 하자고 했다.

돌이켜 보면 머리가 지끈지끈 아프고, 너무 창피하다. 그럼 재미있는 이야기는 어떤 이야기를 해야 재밌는 건가 하면서 아직도 내가 왜 그런 말을 했는지 답을 찾지 못했지만, 내가 내린

결론은 '그냥 듣기 싫었다.' 였다.

그렇게 그와 나는 다른 3년의 세월을 보냈고, 3년이 지난 뒤에는 확실한 차이가 있었다. 나는 아무것도 이룬 것 없이 바보 같은 생각에 머물러 있었고, 그는 자신의 방향대로 많은 자산을 만들어냈고, 본인의 목표 방향이 뚜렷한 진정한 어른이 되어 있었다.

그때 깨달았다. '아 나는 정말 바보였구나!' 누군가는 나에게 운이 좋아서 그렇게 된 걸 따라서 하지 말라고 말한다. 하지만 나는 전혀 운이라고 생각하지 않았고, 나의 미래를 바꿀 수 있는 열쇠라고 생각했다. 그렇게 나는 그에게 내가 할 수 있는 방법에 대해 질문했고, 주저 없이 미국 주식을 추천했다. 하지만 나에게는 주식을 할 수 있는 돈이 없었다. 얼마 되지 않는 군인공제회 적립금과 저축성 보험이 전부였기에 고민했다. 큰 금액은 아니지만 내 전 재산이었고, 이 전부를 잃는다는 두려움이 나를 집어삼켰지만, 그 두려움을 핑계 삼아 또 포기한다면 평생 다신 이런 기회는 찾아오지 않는다고 확신했다.

나는 그와 바로 실행에 옮겼다. 보험과 군인공제회를 모두 해약하는 동시에 증권 계좌를 만들어 인생 첫 투자를 시작하게 된다. 미국 주식을 말이다. 그때 첫 투자금은 850만 원이었다. 첫 투자 종목은 나스닥100 레버리지 ETF TQQQ 종목을 매수해서 보유하기 시작했고, 동시에 '리치군인'이라는 카페에 있는 '드림벙커'라는 온라인 강의도 신청해서 들었다. 내 인생은 드림벙커를 듣고 다시 시작됐다고 해도 과언이 아니다. 나의 마인드를 완벽하게 바꾸게 되는 계기가 되었고, 확신과 자신감이 생겼다. 동시에 주식 투자와 관련한 책을 읽기 시작했고, 금융 지식을 공부했다.

나는 삶의 패턴을 완벽하게 바꾸게 되면서 주변 사람들로부터 이런 말을 들었다. "얼마나 갈지 한번 보자." 우스갯소리로 넘겼지만, 지금의 나를 부정할 수 있는 사람은 내 주변에 없다. 그만큼 나는 확고한 방향을 잡았고 그 방향대로 나아가기 때문이다.

그 확고함으로 지내온 1년 동안 어떠한 일이 있어도 나는 내 확신에 의심하지 않았다. 그 결과 내 투자 원금은 현재 4천만 원이 되었다. 그리고 계속 늘어날 것이다. 원금이 많아질수록 좋은 영향도 있지만, 나쁜 영향도 많이 받게 될 것이다. 이제 더 큰 버팀목으로 교체하고 넘어지지 않게 세워야 한다. 그러면서 나는 여기에 만족하지 않고 계속 배울 것이다.

물론 내 주식은 오르기만 한 건 아니다. 투자에 대한 확신이 생겨나기 시작할 때쯤 첫 번째 고비가 찾아왔다. 내가 매수한 종목이 땅끝까지 추락할 기세로 떨어졌다.

"왜 떨어지지?"
"팔까? 버틸까?"

공포와 불안, 조바심이 한꺼번에 밀려왔다. 하지만 그 공포를 극복하는 방법은 의외로 간단했다. 나는 무섭게 추락하고 있는 주식을 매수하는 전략을 실행했다.

단기적으로 변동하는 시장에 절대 휘둘리면 안 된다. 진짜 중요한 건 시간이 지나면서 그 가치를 알아보는 내 마음의 확신을 새기는 것이다.

내가 왜 그런 선택을 했는지 설명하면 아주 간단하다. 미국 주식 시장의 가치와 내가 매수한 종목에 확신이 있었기 때문이다. 즉 나는 공포를 돈을 주고 산 것이다. 내가 돈을 주고 살만한 공포라고 생각했고, 얼마 가지 않을 공포라고 생각했다.

예를 한 가지 들어보면 최초 10달러 가격의 주식을 100만 원에 매수했지만 주식 가격이 5달러로 반토막이 났다고 가정해 보자. 그리고 5달러가 된 주식을 또 100만 원 매수해 총 200만 원을 투자했지만 10달러에 매수한 수량과 5달러에 매수한 수량은 같지 않다. 다시 주식 가격이 10달러가 되었을 때 공포를 매수한 사람과 그렇지 않은 사람의 수익은 차이가 날

수밖에 없다.

나는 주식에서 가장 중요한 것은 수량이라고 생각한다. 10
개의 1%와 100개의 1% 엄청난 차이가 있기 때문이다. 이렇
게 나는 공포를 이겨냈고 그에 맞는 보상을 받았다. 여기서 바
로 두 번째 고비가 찾아온다.

오르는데 이걸 어쩌지?
지금 팔아야 하나?
언제 팔아야 하지?

수익을 보고 있지만 또 다른 불안감이 생긴 것이다. 책에서
본 유명한 투자자 찰리 멍거의 말이 떠올랐다.

"최고의 투자자는 냉정함을 잃지 않는다.
아무것도 하지 않는 것도 행동의 일종이다."

움직이지 않는 용기, 기다릴 줄 아는 인내심을 기르는 것도
투자자로서의 좋은 덕목이다. 나는 그렇게 매달 적립식 투자를

계속해서 진행하고 있다. 오르고 내리는 걸 경험하고, 배당도 받고 있다. 주식이라는 한 가지를 하면서 내가 얻는 경험은 무궁무진하다. 무조건 좋은 주식은 없다. 떨어진다고 끝은 아니다. 마음이 흔들릴 때, 손은 아무것도 하지 말자. 꾸준히 차분하게 계획적으로 하면 절대 지지 않는다.

벤저민 그레이엄은 이렇게 강조했다.

"투자란 신중함과 기다림을 수반하는 지적 활동이다."

나의 미국 주식 1년 체험기는 미국 주식 완전 정복이라는 것보다 생존 싸움이었다. 하지만 그 생존이 나에게는 가장 큰 발판이 되었다.

내 주변의 실패와 성공

훈련소에서 훈련받을 때는 옆 동기의 실수를 보면서 배운다. 처음 군대 와서 아무것도 모를 때는 제일 잘하는 사람을 따라서 행동하게 되고, 동기가 실수하는 행동 또는 잘못된 행동으로 지적을 받을 때 '아 나는 저런 실수하지 말아야겠다.'라고 많이 생각했을 것이다.

내가 1년 동안 주식을 하면서 가장 크게 배운 건 내 '실패'보다 타인의 실패 또는 잘못된 행동을 했을 때 대처법이다. 그 대처법은 바로 반대로만 하면 된다. 아무 정보 없이 투자하는 사람들 또는 이름도 잘 모르는 코인에 투자하는 사람들, 이런 사람들은 자신의 투자에 대한 어떠한 확신도 갖지 못한다. 그리고 돈을 잃는다. 또 운이 없었다고 이야기한다.

가끔 이런 질문을 받는다. "어떤 주식을 사면 좋을까?" 여기서 나는 어떠한 대답을 하는 게 맞을지 고민에 빠진다. 왜냐하면 내가 알려준다고 해도 과연 성공적인 투자를 할 수 있을까? 만약 내가 나스닥100 ETF 아니면 S&P500 ETF를 추천해서 매수한다고 했을 때 천방지축 장난꾸러기처럼 왔다 갔다 하는 변동성을 버티고 올바른 판단을 할 수 있을까?

주변에 있었던 몇 가지 실패 사례와 성공 사례를 소개한다. 한 선임은 나를 따라서 주식을 매수 한 적이 있다. 하지만 며칠 뒤에 주식은 하락했고, 어떤 이유에서 하락하는지 궁금해했다. 나는 그때 해줄 이야기가 없었다. 내가 무슨 이야기를 해도 이미 그는 공포에 잡혀 있는 투자자였다. 그 선임은 오래 버티지 못했고, 다시 원금 가까이 주식이 상승하자 바로 손절해 버렸다. 그리곤 아쉬워한다. "아 그때 팔지 말걸"이라고 말이다.

또 다른 지인은 대출을 받아 투자를 시작했다. 오! 이런 시간을 초월하는 사람이 있었다니 신기했지만, 그다음 이야기는 충격적이었다. 내가 어떤 종목인지 물어보니 생전 처음 듣는 국내 주식이었다. 본인 말로는 '이제 우리나라의 핵심 기업으로 성장할 것이다.'라고 자신만만하게 이야기했다. 나는 그러지 말고 미국 주식으로 다시 투자해 보는 것이 어떠냐고 질문했을 때 그의 귀는 이미 막혀 있었다. 그렇게 처음엔 주가가 많이 올라 돈을 많이 벌었다고 자랑했지만 오래가지 못했고 급락하게 되면서 버티지 못하고 손절한다. 그렇게 그는 투자에 대한 확신도 없이 전해 들은 이야기로 자신의 모든 총알을 쏴버렸다.

또 영끌 투자는 위험하고 투자보다는 안전하게 돈을 모아야 한다고 이야기하지만 사실 위험한 건 대출과 주식이 아니라 본인의 전략이 잘못된 것이다.

벤저민 그레이엄은 이렇게 경고했다.

"빚을 내어 투자하는 것은 총알을 채운 총을 쥐고 있는 것과 같다."
"방아쇠는 항상 불안정하게 걸려 있다."

대출은 현명하게 사용하면 시간을 아끼는 것이고 잘못 사용하면 시간을 버리는 것과 같다. 이처럼 내 주변에는 잘못된 정보와 지식으로 투자를 시작하여 성공하지 못하는 사람들이 있는 반면에 좋은 투자를 진행하고 더불어 자기 자산을 증식시켜 나가는 사람도 있다.

가깝게 지내는 동료가 있다. 그는 현역 육군 대위로 10년째 근무하고 있고, 나의 투자 멘토이기도 하다. 첫 장에서 나에게 투자에 대한 좋은 방향성을 제시해 준 사람이 바로 이 사람이다.

실패한 사람들과 어떤 차이가 있느냐면 바로 투자에 대한 스트레스가 전혀 없다는 것이다. 꾸준한 복리의 효과를 그는 확신하고 있었다. 주식이 오르거나 떨어질 때 흔들림 없는 모습을 보이며 자신의 투자 가치관을 지켜나가며 투자한 결과 그는 현재 40살도 안 되는 나이에 벌써 부동산 3채를 보유한 자산가가 되었다.

과연 이게 운이 좋아서 그런 것일까? 절대 아니다. 급하지 않게 천천히 부자가 되는 법을 그는 알고 있다. 천천히 부자가 되는 것보다 더 좋은 방법은 없다. 확실한 목표와 방향성이 그를 부자가 되는 길로 안내하고 있는 것이다. 이게 바로 투자에 대하는 성공적인 자세이다.

1년 동안 주식 투자를 하면서 지인과 선배들의 실패를 통해 배우고 또 성공에 대해서 더욱더 확신했다. 여기서 또 다른 문제는 왜 주식을 부정적인 시선으로 보는지가 중요하다. 위 사례만 보아도 성공 사례보다는 실패 사례가 우리 주변에 많기 때문이다. "내가 성공 확률도 희박한 주식을 해서 굳이 내 돈을 날릴 필요가 있을까?"라는 생각이 지배적인 것이다.

한 번만 바꿔서 생각해 보는 거다. 아직 많은 사람들이 하지 않기에 더 좋은 선택지가 될 수 있다고 말이다. 내 주변의 실패는 좋은 공부와 교훈이 되는 동시에 내 주변의 성공은 훌륭한 교과서 된다.

투자할 때 나만의 멘탈 잡기

군대에서도 가장 필요한 부분은 '멘탈'이다. 아무리 훈련을 잘 받은 군인일지라도 실제 전투에서 멘탈이 깨지면 총소리가 아닌 불확실성에 무너지는 순간이 온다.

주식에서 진짜 위험한 건 '공포와 탐욕이다.' 투자하다 보면 누구나 감정의 파도에 휩쓸린다. 나 또한 마찬가지다. 파란색 창이 주는 그 공포와 빨간색 창이 주는 탐욕말이다. 주식이 하락하면 공포에 휩싸이고, 주가가 상승하면 탐욕에 눈이 먼다. 이 둘은 주식을 하면서 가장 빨리 극복해야 하는 감정이다.

찰리 멍거는 경고했다.

"심리가 휘청이는 순간 당신은 시장의 먹잇감이 된다."

그럼 나는 어떻게 멘탈을 잡았을까? 첫 번째 나는 주식을 하면서 몇 가지 나와 약속을 했다. 내 눈에는 주식 시장은 그저 파란색 빨간색이 공존하는 시장일 뿐이다. 그래서 나는 꾸준함을 선택하고 나와 약속했다. 매월 나는 시장이 어떠한 색깔을 보이건 내가 약속한 금액을 적립식으로 투자하겠다고 말이다.

주식 가격에 큰 비중을 두지 않고, 나는 내가 보유하고 있는 주식에 수량에 중점을 두고 투자를 진행하고 있다. 다시 강조하지만 투자는 절대 감정에 사로잡혔을 때 하면 안 된다. 주식을 시작하기 전에 내가 투자한 종목에 확신을 갖는 법을 먼저 깨우치자. 그럼 공포를 살 수 있고 탐욕을 팔 수 있을 것이다.

두 번째 나는 주식 계좌를 잘 보지 않는다. 떨어지는 주식을 매일 쳐다봐야 오르지 않는다. 올라가고 있는 주식을 응원해 봐야 계속 오르지 않는다. 계좌를 자주 볼수록 나는 더욱더 약해진다. 매수할 때만 봐도 충분하다.

세 번째 뉴스나 유투브를 보지 않는다. 뉴스에서는 공포를 자주 다루고 투자 유투버들은 다들 미래에서 온 신들처럼 떠든 다. 뉴스는 매일같이 이래서 뭐가 안 좋고, 저래서 뭐가 위험하 고, 유튜브에서는 "지금입니다. 이거 꼭 매수하세요." 온갖 현 혹에 영상들이 너무 많다. 그때는 책을 읽으면 다 해결된다. 이 름만 들어도 유명한 투자가들의 책을 읽으면 많은 도움이 된 다. 물론 처음에는 투자에 무슨 책이야? 하고 의아해 하겠지만 내가 왜 책을 읽으라고 했는지는 금방 알 것이다.

벤저민 그레이엄은 말했다.

"투자는 정보가 아니라 지혜로 해야 한다.
뉴스는 시끄럽지만, 지혜는 조용하다."

투자는 기술이 아니다. 공부만 잘한다고 돈을 버는 것도 아 니고, 정보가 많다고 투자에 성공하는 것은 아니다. 투자의 멘 탈을 지키기 위해서는 나만의 규칙을 흔들림없이 단단하게 세 워두는 것이 성공의 지름길이다.

주식은 꾸준함이다

"흔들림 없는 습관이 진짜 실력이다."

처음 주식을 시작할 때 나는 이런 생각이 들었다.

"언제 사야 할까?"
"지금 사도 되나?"
"이 종목도 좋아 보이는데 매수 해볼까?"

이처럼 불안은 누구에게나 찾아온다. 매일 계좌를 열어보고, 뉴스에 휘둘리고, 유튜브 영상에 방향성을 고민하고 하지만 그런 나를 붙잡아준 건 다름 아닌 '꾸준함'이라는 생활 리듬이었다. 주식도 루틴이 반드시 필요하다. 군대에서 우리는 매일 같은 루틴의 연속이지 않은가? 기상, 점호, 식사, 업무, 취침. 주식도 마찬가지이다. 꾸준한 리듬을 만들어 본인의 감정을 조절하고 루틴을 만들어야 한다.

나는 봉급을 받으면 최우선으로 나를 위한 돈을 먼저 분리해 놓는다. 어떠한 일이 있어도 말이다. 고민하지 않고 내가 투자하고 있는 종목을 구매했다. 주가가 오르던, 내리던 그건 중요하지 않다. 주가는 주가일 뿐이고 나는 수량을 산다. 그래서 주식 가격이 아니라, 내가 보유한 수량을 기준으로 성취감을 느낀다. '이번 달에는 주식 가격이 많이 떨어져 있어 좋은 가격으로 수량을 많이 늘렸다. 그로 인해 배당금도 늘었고, 투자 일기에 한 줄 더 작성할 내용이 생겼다.' 주식가격이 떨어져도 수량을 늘릴 수 있는 것을 감사해하면서 말이다.

그리고 가장 놀라운 건 보여지는 숫자보다 내 마음이 먼저 변했다는 점이다. 계좌를 열어보지 않아도 불안하지 않고, 수익이 나쁘더라도 성취감이 있었다. 이건 단순히 숫자로 표현할 수 없는 나의 성숙이다. 이런 작은 성취감이 누적되어 나는 꾸준함에 자신감을 얻었다.

내가 했던 또 하나의 꾸준함은 정기적으로 내 자산을 점검하는 루틴이다. 매월 나의 현금 통제력을 스스로 점검하고, 분기마다 자산 정리를 했다. 이런 기록은 나에게 강한 방어막 같은 역할을 한다. 그래서 지금 이 책을 쓰고 있는 순간에도 계좌는 마이너스지만, 이번 연도 나의 목표를 지켜가고 있다. 주식과 꾸준함은 거리가 멀어 보여도 이처럼 투자에 꾸준함은 강한 힘을 나타낸다.

찰리 멍거는 '꾸준함의 힘'을 강조했다.

"우리는 평범한 아이디어를 지독하게 꾸준히 실천한 덕에 부자가 됐다."

찰리 멍거는 단순하게 생각했다. 잘 고른 자산을 오래 들고 가는 것, 그것을 어떤 시기에도 반복하는 것 그게 전부였다. 하지만 이런 '꾸준함'은 아무나 실천하지 못한다. 시장이 요동쳐도 내 계획대로 행동해야 하는 강한 멘탈이 꼭 필요하다.

꾸준함은 성과로 정확하게 돌아온다. 마이너스가 플러스로 바뀌고, 파란색이 빨간색으로 바뀌는 성과를 보기 위해서는 흔들리지 않는 꾸준함을 가져야 한다. 꾸준함은 절대 우리를 배신하지 않는다. 그리고 투자에 흔들리지 않는 '내 자신'을 발견하게 될 것이다. 흔들리는 건 내 감정이 아니라, 준비 없는 내 자신이다.

누구나 살 수 있고, 누구나 팔 수 있지만, 계획대로 '꾸준히' 행동하는 사람은 극히 드물다. 꼭 기억해야 한다. '꾸준함은 훈련에서 나온다. 이 꾸준함을 반복하는 사람만이 주식이라는 전쟁터에서 살아남을 수 있다. 지루할 정도로 반복해야 한다. 언젠가 '복리'라는 성과가 반드시 나를 찾아온다.

네이버 카페 리치군인

함께 하는 재테크 스터디

군인과 가족들에게 필요한 지식을 진심으로 나눕니다.

<도서출판 드림벙커>

2장. 미국 주식이란?

나도 처음엔 뭔지 몰랐다.

나도 '주식'이라는 건 다 똑같다고 생각했다. 기껏해야 국내 주식이나 미국 주식이나, 오르면 수익 나고 떨어지면 손해보는 구조일 거라 여겼다. 하지만 막상 미국 주식에 발을 들여놓고 나니 생각이 완전히 달라졌다. 마치 무대가 바뀐 느낌이었다. 훈련소 울타리 안에서만 익숙한 전술을 익히던 내가 이제는 실제 전쟁터에서 전 세계와 맞붙는 작전에 투입된 기분이랄까.

처음 미국 주식을 시작하려고 할 때, 주변 사람들은 이렇게 말했다.

"미국 주식 잘 알아보고 하는 거야?"
"영어도 잘 못하는데, 미국 기업을 어떻게 알아?"
"환전이 귀찮고, 새벽거래 힘들지 않아?"

하지만 그런 걱정은 실제 투자 경험 앞에서 모두 사라졌다.

영어 잘 몰라도 증권사 앱에서 한글로 다 나온다. 거래 시간도 나만의 정해진 전략만 있다면 굳이 매일 눈뜨고 대응할 필요도 없다. 그리고 무엇보다 중요한 건, '투자의 결과'가 달라졌다는 것이다.

국내 주식은 늘 이슈에 휘둘린다. 오늘은 ○○정책, 내일은 정치 테마, 다음 주는 '빅히트 상장' 같은 단타성 뉴스가 시장을 휘감는다. 그런데 미국 주식은 다르다. 기업 자체의 힘, 시장 자체의 역사, 그리고 미래적 가치가 모든 걸 말해준다. 애플은 새로운 제품을 낼 때마다 전 세계가 주목하고, 테슬라는 전기차 시장의 패러다임을 바꿨고, 마이크로소프트와 구글은 AI 시대의 핵심이 되어가고 있다.

나는 생각했다.

'이런 기업들이 성장하면, 내가 가진 주식도 같이 커지는 거구나.'

주식이라는 건 단순히 '돈을 버는 수단'이 아니라 세상의 흐름을 읽고, 그 안에 내 자산을 담아두는 것이라는 걸 미국 주식을 통해 처음으로 깨달았다.

바로 그 첫걸음, '미국 주식이란 무엇인가'에 대한 모든 것을 알려주겠다. 처음 접하는 사람도 부담 없이 따라올 수 있도록 시장 구조부터 용어, 지수, 실전 매매법까지 하나하나 차근히 정리했다. 미국 주식이라는 드넓은 전장에 발을 들이는 그 순간, 당신의 투자 인생도 새롭게 시작될 것이다.

미국 주식과 국내 주식, 어떤 차이가 있을까?

스케일부터 다르다. 내가 국내 주식을 하는 사람들에게 미국 주식을 추천했을 때 제일 많이 들었던 질문이다. 나도 처음에는 '주식'이라는 큰 범위만 알고 있었고, 두 가지 주식에 대한 차이점을 잘 알지 못했다. 하지만 실제로 미국 주식에 투자를 해보고, 알아가는 과정을 통해 훨씬 큰 차이가 있다는 걸 알았다. 내가 느낀 차이점을 이야기해 주면, 크게 3가지로 나뉜다.

시장 규모 자체가 다르다.

미국 주식을 시작하고 애플이나 테슬라 같은 종목을 봤을 때 느꼈던 점은 '덩치 자체가 다르구나.'였다. 데이터로 얘기하면 국내 코스피 전체 시가총액보다 S&P500 ETF인 'SPY' 한 기업의 시가총액이 더 크다. 이렇게 미국의 우량한 기업 종목은 국내 전체 주식 시장을 뛰어넘는 규모이다. 이 말은 기업 하나가 나라 하나의 경제와 맞먹는다는 뜻이다. 규모 차이가 크니 전투력 또한 차이날 수 밖에 없다.

시장 구조가 투명하고, 체계적이다.

미국 기업은 정보 공개가 아주 뚜렷하다. 분기마다 실적 발표가 정해져 있고, 이런 실적 데이터를 증권거래위원회에 모두 올려야 한다. 누구나 볼 수 있고, 내가 투자하고 있는 기업의 정보를 잘 알 수 있다. 반면, 국내 주식은 실적 발표가 늦춰지는 경우도 있고, 작전주, 테마주처럼 정보보다 루머가 앞서는 경우도 많다. 투자 전쟁에서는 '정보의 정확성'이 아주 큰 도움이 된다.

성장 방향이 다르다.

국내는 한정되어 있지만 미국은 세계 시장을 상대로 장사를 한다. 한국 기업들이 무조건 나쁘다는 이야기는 아니지만, 우리나라는 내수 중심이 많고, 글로벌 경쟁력이 제한적이다. 하지만 미국 기업은 아예 처음부터 전 세계를 목표로 삼는다. 쉽게 비유하면 '우리는 아이폰을 들고 스타벅스 매장을 간다.' 일상 생활에서도 쉽게 볼 수 있고, 단순히 매출만 보는 게 아니라 미래적으로 기업의 가치를 판단해야 한다.

정리하면 미국 주식 시장은 덩치가 크고, 투명하고, 투자에 친화적이다. 반면, 국내 주식 시장은 작고, 불안정하며, 예상하기 힘든 이슈가 너무나도 많다. 그럼 "내 돈을 장기적으로 맡겨야 한다면 어디에 맡겨야 하는가?" 이 질문에는 '미국 주식' 이라는 한 가지 답밖에 존재하지 않는다.

국내 주식은 익숙함이라는 함정에 빠질 수 있다. 하지만 익숙함이 내 돈을 안전하게 지켜주지 않는다. 미국 주식의 낯설음을 날려버리고, 전체가 다름을 느껴보자.

나스닥, S&P500, 다우존스 이게 뭘까?

미국 주식을 하면 자주 접하는 단어가 있다. 바로 나스닥 100, S&P500, 다우존스. 이 세 지수는 경제 뉴스에서 자주 등장한다. "미국 증시 상승!", "나스닥 급락!"과 같은 표현을 들어봤을 것이다. 처음엔 '이게 뭔데? 꼭 알아야 하나?'라는 생각이 들 수도 있다. 하지만 이 지수들만 잘 이해해도 미국 시장의 흐름을 쉽게 파악할 수 있다. 한 마디로, 미국 주식 시장 전체의 상태를 보여주는 대표적인 지표들이다.

나스닥: 기술 중심의 거래소이자 종합지수

많은 사람들이 '나스닥' 하면 기술주 지수인 '나스닥100'을 떠올리지만, 실제 나스닥은 뉴욕증권거래소(NYSE)와 함께 미국의 증권거래소 중 하나다. 나스닥 종합지수는 이 거래소에 상장된 전체 기업들의 움직임을 반영한 지수이며, 수천 개의 기업으로 구성되어 있다.

우리가 흔히 투자하는 QQQ는 '나스닥100'이라는 지수를 추종하는 ETF로, 그중에서도 대표적인 100개의 기술 중심 기업으로 구성되어 있다. 애플, 테슬라, 엔비디아, 마이크로소프트처럼 빠른 성장세를 보이는 기술 기업들이 많기 때문에, 성장성과 변동성이 높은 지수라고 할 수 있다.

S&P500: 미국 경제 종합 성적표

S&P500은 미국의 신용평가사인 스탠더드 앤 푸어스 (Standard & Poor's)에서 선정한 미국을 대표하는 500개 대형 우량주로 구성된 지수다. 애플, 마이크로소프트, 존슨앤존슨, 구글 등 다양한 산업을 대표하는 기업들이 고르게 포함되어 있어 미국 경제 전체를 가장 잘 나타내는 지표로 평가받는다. 이 지수는 단순한 평균이 아니라, 정기적으로 리밸런싱된다. 기준에 미치지 못한 기업은 제외되고, 새로운 우량 기업이 편입된다. 그래서 시간이 지날수록 더 경쟁력 있는 포트폴리오로 바뀌며 장기적으로 우상향할 수 있는 구조를 갖고 있다.

다우존스: 전통 대기업 30개의 상징적 지수

다우존스 산업평균지수는 미국을 대표하는 30개의 전통 대기업으로 구성된 지수다. 코카콜라, 맥도날드, 보잉, 월마트 등 안정적인 기업들이 포함되어 있으며, 미국 산업의 뿌리와도 같은 성격을 지닌다. 비록 종목 수는 적지만, 구성 기업의 상징성과 역사적 무게가 크기 때문에 여전히 많은 투자자들이 시장의 흐름을 파악할 때 참고하는 지표다. 이 역시 일정 기준에 따라 구성 종목이 교체되며, 시대 흐름에 맞는 기업들로 유지된다.

지수를 이해하면 시장을 읽는 눈이 생긴다. 그리고 그 지수들이 어떻게 구성되고 관리되는지를 알면, 왜 장기적으로 지수가 우상향할 수밖에 없는지 자연스럽게 이해할 수 있다.

주식 투자자가 꼭 알아야 할 용어들

처음 주식을 시작하면서 화면에 뜨는 단어들이 마치 통신 암호처럼 느껴졌었다. 용어 하나하나가 낯설었고, 심지어 계좌는 만들었지만 무엇부터 해야 할지 몰라 하나씩 검색하면서 알아갔다. 내 지인 중에는 나스닥 ETF를 사고 싶은데 종목명도 몰라서 처음부터 대신 매수해 달라고 부탁한 사람도 있었다. 그만큼 용어 하나하나가 장벽처럼 느껴질 때가 있다. 그래서 행보관이 준비했다. 초보자가 꼭 알아야 할 주식 용어 완벽 정리!

한국 주식과 미국 주식 용어 차이

한국과 미국 주식은 비슷한 듯 다르다. 용어에서도 차이가 있는데, 특히 미국 주식에서 중요한 개념인 티커(Ticker)를 꼭 알아야 한다. 티커는 기업명이나 ETF를 간단히 표현한 알파벳 약자로, 한국에서는 기업명을 직접 검색 하지만, 미국에서는 티커로 검색해 종목을 찾는다. 예를 들어, 나스닥100 ETF는 QQQ, S&P500 ETF는 SPY, 다우존스 ETF는 DIA라고 불린다.

거래를 위한 기초 용어

매수와 매도, 이것은 주식 투자의 시작과 끝이다. 매수는 주식을 사는 것이고, 매도는 파는 것이다. 아주 기본이지만 이 두 단어가 투자의 핵심 흐름을 형성한다.

예수금은 증권 계좌에 남아 있는 현금, 즉 투자를 위해 대기 중인 자금이다. 반면 출금 가능 금액은 지금 당장 계좌에서 뺄 수 있는 현금을 의미한다. 예수금은 공포탄이고, 출금 가능 금액은 실탄이라 보면 이해가 쉽다.

체결은 내가 지정한 가격에 거래가 완료된 것이고, 미체결은 아직 거래가 이루어지지 않은 상태다. 증권 어플을 보면

'미체결'이라는 문구에 내가 매수한 주식이 있으면 체결이 되지 않은 상태이다. 체결 단가는 한 번의 거래에서 이뤄진 가격이고, 평균 단가는 여러 번 사고팔며 생긴 평균 매입가다. '내 평단 얼마야?'라는 말은 이 평균 단가를 말한다.

잔고는 현재 내가 보유한 주식의 수량과 가치이고, 보유 종목은 말 그대로 내가 가지고 있는 주식 리스트다. 증권사 앱을 열면 맨 위에 보이는 그 숫자들이 바로 그것이다.

지정가는 내가 원하는 가격에 사고파는 방식이고, 시장가는 현재 시장에서 바로 체결되는 가격으로 사고파는 방식이다. 천천히 기다리며 할인된 가격에 사고 싶다면 지정가, 지금 바로 사고 싶다면 시장가를 선택하면 된다.

수수료

투자에서 빠질 수 없는 부분이지만, 낯설다고 무시하면 절대 안 된다. 주식을 거래할 때는 거래 수수료가 발생하는데, 보통 0.003%에서 0.05% 사이이며 증권사 이벤트에 따라 0%까지도 가능하다. 미국 주식의 경우에도 수수료는 있지만 증권사에 따라 0.09~0.25% 수준으로 다양하다. 과거에는 매도 시 SEC Fee(미국 증권거래위원회 수수료)가 있었지만, 2024년 5월부터는 개인 투자자에 한해 이 수수료가 면제되었다. 즉, 현재는 대부분의 개인 투자자에게 SEC Fee는 적용되지 않는다.

운용 수수료는 ETF나 펀드 상품을 보유하고 있는 동안 발생하는 관리 비용이다. 보통 연 0.05%~0.5% 수준이며, ETF 상품 상세 설명에서 확인할 수 있다. 직접 납부하는 것이 아니라 ETF 가격에 매일 반영되어 자동으로 차감된다.

세금

한국 주식의 경우 증권거래세 0.20%가 매도할 때 발생하지만, 양도소득세는 대주주가 아니면 발생하지 않는다. 반대로 미국 주식은 거래세가 없지만, 연간 순수익이 250만 원을 초과하면 초과분에 대해 22%의 양도소득세(20% + 지방세 2%)가 부과된다.

이 수익은 매년 1월부터 12월까지를 기준으로 하고, 다음 해 5월에 종합소득세 신고와 함께 신고·납부하면 된다. 요즘에는 대부분의 증권사에서는 무료 세금 신고 대행 서비스를 제공하니 절대 어렵게 생각하지 않아도 된다.

미국 주식 거래 시간 (한국 시간 기준)

프리마켓(장전): 18시~23시
정규장: 23시~익일 06시
애프터마켓(장후): 익일 06시~10시

미국에는 서머타임이라는 제도가 있는데, 매년 3월 둘째 일요일~11월 첫째 일요일에는 모든 거래 시간이 1시간 앞당

겨지니 꼭 알아 두자.

환전과 환율

미국 주식은 원화가 아닌 달러로 거래된다. 그래서 투자를 하려면 환전이 필요하다. 증권사 앱에서 미리 원화를 달러로 바꿔 두면 그 달러로 미국 주식을 매수할 수 있다.

환율은 1달러가 몇 원인지 나타내는 숫자다. 매일 바뀌기 때문에 적당한 시점에 환전해도 되고, 너무 민감하게 신경 쓰기보다는 매수 계획에 맞춰 환전하면 된다. 처음 보면 누구나 어렵다. 하지만 용어 하나하나를 이해하고 정리해 두면, 주식이 더 이상 낯설지 않게 된다.

미국 주식 사는 방법

"국내 주식도 안 해봤는데, 미국 주식을 할 수 있을까?"

결론부터 말하자면, 충분히 가능하다. 복잡하게 느껴지겠지만 정말 간단하다. 요즘에는 스마트폰만 있으면 미국 주식이든 국내 주식이든 언제 어디서나 손쉽게 거래할 수 있는 시대다. 지금부터 미국 주식을 하기 위한 기본 절차를 하나씩 알려주겠다. 그냥 따라만 하면 된다.

증권 계좌 만들기

미국 주식을 하려면 가장 먼저 해야 할 건 증권 계좌 개설이다. 여기서 필요한 준비물은 스마트폰, 본인 신분증만 있으면 된다. 은행을 가지 않아도 앱만 설치하면 5분 만에 계좌를 만들 수 있다.

해외주식 거래 신청

계좌만 만든다고 바로 미국 주식을 살 수 있는 건 아니다. 앱을 통해 해외 주식 거래를 따로 신청해야 한다. 앱 메뉴에 있는 '해외 주식 거래 신청' 또는 '미국 주식 거래 신청'을 선택해 기능을 열어주면 끝이다. 체크 한 번만 하면 끝이다.

환전 - 원화를 달러로 바꾸기

전에 설명했듯이 미국 주식은 달러로 거래된다. 그래서 주식을 사기 전에 계좌에 있는 원화를 달러로 바꾸는 과정이 필요하다. 최근에는 '자동 환전' 기능도 있어 따로 환전을 안 해도 매수가 가능하다. 이제 준비가 끝났으니 실제로 미국 주식을 사보자.

주주가 된다는 것

마이크로소프트 주식을 샀다면 당신은 그 회사 주주가 된

거다. 당장 영향력 있는 대주주는 아니지만, 기업 실적이 좋아져 주가가 오르면 당신의 자산도 같이 올라가는 구조다. 기업의 성장이 곧 내 수익이 된다는 것, 이게 주식 투자다.

생활 속에 미국 기업 찾기

생각해보자. 아이폰 쓰고, 스타벅스 커피 마시고, 점심으로 맥도날드, 쉬는 시간 넷플릭스, 주말 드라이브는 테슬라, 친구들과 하는 생동감 넘치는 그래픽의 게임. 다 미국 기업이다. 이미 우리는 미국 기업에 돈을 쓰는 소비자로 살고 있다. 이제는 소비자가 아니라 투자자로 참여할 때다. 그 기업들이 성장할수록, 내 자산도 커질 수 있다.

미국 주식은 생각보다 어렵지 않다. 스마트폰 하나로 누구든 전 세계 기업에 투자할 수 있는 시대다. 지금은 그 첫걸음을 내디딜 타이밍이다. 제품만 쓰지 말고, 그 회사를 사자. 소비만 하지 말고, 함께 성장하자.

네이버 카페 리치군인

함께 하는 재테크 스터디

군인과 가족들에게 필요한 지식을 진심으로 나눕니다.

<도서출판 드림벙커>

3장. 성공 비결은 ETF!

고민된다면 시장 전체를 사라

어느 정도 경험이 쌓이기 시작하면 누구나 어떤 종목을 골라야 할지 고민에 빠지게 된다. 애플, 마이크로소프트, 구글 같은 유명한 개별 종목들을 찾아보면서 분석하고 고민하지만, 결국 좋은 해답을 찾지 못한다.

나는 그 답을 ETF라고 말하고 싶다. ETF라는 걸 알게 됐고, 투자의 방향이 완전히 달라졌다. 실제로 많은 성공한 투자자들도 시장 전체를 사는 방식인 ETF 투자를 하고 있다.

왜 ETF인가? 개별 기업을 분석하지 않아도 된다. 기업 하나 망해도, 다른 종목들이 보완해 준다. 시장 전체가 성장하면 나도 함께 오른다. 그래서 말하고 싶다. 혼자 골라서 맞히려고 하지 말고, 평균을 따라가자. 그게 바로 ETF다.

ETF가 어떤 투자 방식인지, 어떻게 시작해야 할지 한눈에 알 수 있게 구성했다. 투자를 어렵게 하려고 하지 말자. 단순한 걸 꾸준히 실천하는 사람이 결국 오래 살아 남는다. ETF는 그 단순함을 잘 담고 있는 최고의 전략이다.

ETF란?

나도 처음에는 "이게 펀드야? 주식이야?" 헷갈렸던 기억이 난다. ETF - Exchange Traded Fund. 상장지수펀드라고 한다. 이 말만 들으면 뭔가 어려워 보이지만 실제로는 간단한 구조로 이루어져 있다. 쉽게 말하면 '묶음 상품'이다. ETF는 여러 개의 주식 종목을 한데 묶어서 하나의 상품처럼 거래할 수 있게 만든 것이다. 일종의 주식 패키지라고 보면 된다.

예를 들어, '나는 미국에서 잘나가는 기술 기업 100개에 투자하고 싶다.' 라고 했을 때 그 기업 하나하나를 다 매수할 필요가 없다. 바로 QQQ라는 ETF 사면 끝이다. QQQ 안에는, 애플, 마이크로소프트, 아마존, 엔비디아 등 우리가 잘 아는 기술 기업들이 들어가 있다. 이것이 바로 ETF의 매력이다. 하나만 사도, 여러 기업에 투자한 효과를 준다. ETF는 기본적으로 펀드이다. 하지만 우리가 알고 있는 일반 펀드와는 조금 다르다.

일반 주식과 ETF의 차이점

"펀드의 안정성과, 주식의 편리함의 결합"

ETF는 주식 초보자에게 아주 잘 맞는 상품이다. 개별 종목 분석이 어려워도, 어떤 주식을 사야 할지 몰라도, 자금이 많지 않아도 ETF 하나만 매수하면 자연스럽게 분산 투자가 되기 때문이다. ETF는 목적이나 구성에 따라 종류가 정말 많은데 대표적인 4가지 ETF로 분류된다.

그럼 ETF는 무조건 좋은 걸까? 그건 아니다. ETF도 공부는 필요하다. ETF 안에 어떤 종목이 들어 있는지, 비중은 어떤지, 수수료는 얼마인지 이런 것들을 반드시 확인하고 내 투자 목표와 잘 맞는 ETF를 선택해야 한다. 괜히 이름만 보고 따라 샀다가 ETF 안에 있는 종목이 전혀 모르는 기업이라면 결국 운에 맡기는 투자밖에 안 된다.

ETF는 내 투자 방향이 명확할 때, 그 방향에 맞춰 하나의 무기로 전환시켜 주는 도구다. 하나만 잘 골라도, 그 안에 수십 개의 종목이 포함되어 있다. 분산은 자동으로 되고, 운용은 전문가가 해준다. 나는 그 흐름에 맞춰 투자하면 되는 구조다. 개별 종목을 고를 자신 없다면, 평균을 사는 것도 훌륭한 전략이다. 그 평균이 우상향이라면, 그건 이미 승리한 투자다. 그래서 나는 매달 꾸준히 ETF를 매수하고 있다.

ETF의 장점

"강한 무기일수록, 제대로 다뤄야 한다."

ETF는 정말 유용한 투자 도구다. 하지만 아무리 좋은 무기라고 어떻게 쓰느냐에 따라 아군이 될 수도 있고, 적군이 될 수도 있다. ETF가 왜 좋은지, 그리고 어떻게 잘못 쓰면 위험한지 이 두 가지를 정확히 이해해야 내 돈을 지킬 수 있다.

분산 투자

분산 투자 효과로 한 종목이 무너져도 전체는 살아 있다.

ETF는 기본적으로 여러 종목을 하나로 묶어 놓은 구조이다. 예를 들어 SPY는 S&P 500지수를 추종하는 ETF다. 여기엔 미국을 대표하는 500개의 기업이 포함돼 있다. 그중 한두 기업이 무너져도, 나머지 498개가 버텨주면서 내 전체 자산이 휘청이는 일은 줄어든다. 개별 종목을 들고 있다가 한 방 맞으면 손실에 따른 충격이 크지만, ETF는 다 같이 움직이기에 충격이 분산된다.

초보자도 쉽게 시작할 수 있다.

ETF는 분석이나 종목 선정이 부담스러운 사람에게 가장 낮은 진입 장벽을 가진 투자 수단이다. 기술주를 사고 싶은데 모든 종목이 고민된다면 QQQ를 사면 된다. QQQ는 나스닥 100 ETF이다. 그럼 나스닥100에 있는 마이크로소프트, 애플, 엔비디아 등 우량 기술주에 한 번에 투자할 수 있다.

기업 공부 따로 안 해도 되고, 포트폴리오 구성하기도 쉽고, 큰돈이 없어도 다양한 종목을 소액으로 가질 수 있다. 그냥 ETF 하나 사는 순간, 이미 전문가 수준으로 분산 투자한 셈이다.

실시간 거래 가능, 펀드보다 훨씬 유연하다.

ETF는 주식처럼 실시간으로 사고팔 수 있다. 펀드는 하루에 한 번 기준가로만 거래되지만, ETF는 시장에서 원하는 시점에 바로 매매 가능하다. 시세에 빠르게 대응하고 싶다면, 펀드보다 ETF가 훨씬 유리하다.

ETF의 주의점과 단점

ETF라고 다 같은 건 아니다. 구성 종목을 꼭 확인하자.

ETF마다 들어 있는 종목 리스트와 비중이 다르다. 겉만 보고 이름만 보고 사면 안 된다. ETF도 결국 안에 뭐가 들었는지 직접 확인하고 골라야 한다. 무작정 따라 샀다가, 내가 원치 않는 종목에 돈이 들어가 있을 수도 있다.

ETF라고 손실이 없는 건 아니다.

시장 전체가 하락하면 ETF도 같이 떨어진다. S&P500 지수가 하락하면 SPY도 같이 하락한다. 나스닥이 하락하면 QQQ도 같이 하락한다. 특히 레버리지 ETF는 시장의 움직임보다 2배, 3배 더 크다. 나스닥100 3배 레버리지 ETF TQQQ로 예를 들면, 시장이 하루 1% 하락하면 3% 하락하고, 1% 상

승하면 3% 상승한다. 시장의 변동성이 무서운 초보는 착한 맛
ETF부터 차근차근 정복하자.

장기 투자라고 무조건 안전한 건 아니다.

ETF는 장기 투자에 적합하다고 알려져 있지만, ETF도 상
품마다 생명력이 다르다. 테마 ETF는 트렌드가 지나가면 자연
스럽게 약해진다. 수익이 나지 않거나 거래량이 적은 ETF는
운용사에서 청산하기도 한다.

ETF는 방향을 정해주는 무기다. 그 방향을 내가 제대로
잡고 쓸 수 있을 때, 진짜 의미있는 투자가 된다.

우량한 미국 ETF

무기가 많다고 다 좋은 게 아니다. 진짜 쓸 만한 걸 골라야 한다. ETF가 아무리 많아도 전장에서 쓰는 무기는 상황에 맞아야 한다. 지금 소개할 ETF는 실제로 전 세계 투자자들에게 인정받고 있는 ETF들이다. 장기 수익률, 거래량, 구성 종목, 리스크 관리의 기준으로 선정했다. 내가 직접 써본 것들도 포함되어 있고 처음 시작하는 사람도 부담없는 ETF들이다.

VOO - Vanguard S&P 500 ETF

- 지수 추종: S&P500
- 성격: 미국을 대표하는 500개 기업에 분산 투자
- 대표 종목: 애플, 마이크로소프트, 아마존, 구글
- 특징: 장기 투자 기본템, 운용 보수도 낮고 안정적
- 추천 대상: 미국 주식 처음 시작하는 사람

미국 전체에 투자한다는 느낌으로 접근할 수 있는 ETF

QQQ - Invesco NASDAQ 100 ETF

- 지수 추종: 나스닥 100
- 성격: 기술주 중심의 성장 ETF
- 대표 종목: 애플, 엔비디아, 테슬라, 메타, 아마존
- 특징: 변동성 크지만 장기 성장 기대감 큼
- 추천 대상: 성장주에 투자하고 싶은 사람

미래 기술 산업을 믿는다면 QQQ는 좋은 선택이다.

VTI - Vanguard Total Market ETF

- 지수 추종: 미국 전체 주식 시장(약 4천 종목)
- 성격: 미국 경제 전체에 투자
- 특징: 대형주, 중소형주 다 포함
- 추천 대상: 진짜 미국 전체를 사고 싶은 사람

넓게, 깊게 분산하고 싶다면 이 ETF가 답이다.

SCHD - Schwab U.S. Dividend Equity ETF

- 성격: 고배당 + 안정적 실적 기업 중심
- 대표 종목: 존슨앤존슨, 홈디포, 펩시, 3M
- 특징: 배당 수익률 3%+, 실적 탄탄한 기업 위주
- 추천 대상: 꾸준한 배당과 안정성 원하는 사람

매년 배당 받고 싶다면, SCHD는 기본 무기다.

VYM - Vanguard High Dividend Yield ETF

- 성격: 배당금이 높은 대형주 중심
- 특징: 배당률 3~4%, 보유 종목은 안정적
- 추천 대상: 주기적 현금 흐름 원할 때

배당 ETF 중에서 SCHD 다음으로 인기가 많다.

JEPI-JPMorgan Equity Premium Income ETF

- 성격: 월 배당형 고배당 ETF

- 특징: 매월 배당 지급, 주가 자체는 상승하기 어렵지만 꾸준한 현금흐름을 만들 수 있음
- 구성: 옵션 전략 + 배당주 혼합
- 추천 대상: 매달 현금흐름을 만들고 싶은 사람, 주식으로 월급 받는다는 느낌을 원하는 사람 추천

ARKK - ARK Innovation ETF

- 운용사: 캐시 우드(ARK Invest)
- 성격: 미래 혁신 테마 ETF
- 대표 종목: 테슬라, 줌, 로쿠, 유전자 기업 등
- 특징: 매우 공격적, 변동성 큼
- 추천 대상: 미래 기술에 베팅하고 싶은 사람

롤러코스터 같지만, 미래에 적극 투자하는 ETF

ICLN - iShares Global Clean Energy ETF

- 성격: 신재생 에너지, 클린 에너지 테마
- 대표 종목: 넥스테라에너지, 엔페이즈, 솔라엣지
- 특징: ESG 트렌드 타고 있는 섹터
- 추천 대상: 환경·지속 가능성에 관심 있는 사람

친환경 성장에 관심 있다면 투자 포트에 포함할 만하다.

TLT-iShares 20+ Year Treasury Bond ETF

- 성격: 미국 국채 장기물 ETF
- 특징: 금리 하락기에 수익률 상승, 리스크 분산
- 추천 대상: 안전자산에 일정 부분 투자하고 싶은 사람

주식 시장이 불안할 때 방어용으로 포트폴리오의 한 자리
는 꼭 챙겨두자.

ETF는 선택의 폭이 넓지만, 결국 목적에 맞는 걸 골라야
한다. 내 투자 방향, 성향, 자금 상황에 맞게 한두 개씩 조합해
서 전략을 짜보자.

네이버 카페 리치군인

함께 하는 재테크 스터디

군인과 가족들에게 필요한 지식을 진심으로 나눕니다.

<도서출판 드림벙커>

4장. 전략

장기 투자 VS 단기 투자

ETF든 개별 종목이든 주식을 사는 건 출발일 뿐이다. 진짜 중요한 건 그 이후에 어떤 전략으로 투자할 것인가이다. 어떤 상황에서 어떤 방식으로 매수할지, 어떻게 리스크를 분산하고, 어떤 흐름에 따라 대응할지를 고민하지 않으면 계속 똑같은 실수를 반복하게 된다.

내 주변에는 주식을 무작정 사놓고 이런 질문을 많이 한다. 이제 뭐해야 돼? 막상 사놓으니 더 막막해진다. 언제 더 사야 할까? 떨어지는데 더 사도 될까? 이 종목을 계속 들고 가는 게 맞나? 이런 질문들은 투자의 방향이 없을 때 생기는 현상이다. 투자 전략이 없으면, 감정은 매일매일 흔들린다. 이건 결국 수익률이 아니라, 멘탈이 먼저 무너지는 패턴이다.

전략이 있어야 흔들리지 않는다. 장기 투자, 단기 투자, 분할 매수, 적립식 투자, 배당 전략 등, 이 모든 것이 전략이다.

남들이 좋다는 말에 따라 움직이는 게 아니라 나에게 맞는 투자 리듬과 방식을 설정해야 한다. 내가 이 책에 '나는 이렇게 하고 있습니다.'라고 해서 똑같이 따라 한다고 했을 때 과연 나에게 성공적인 투자일까? 생각해 봐야 한다.

이제 진짜 전략을 짠다. 그동안 배운 지식을 실전 전략으로 연결하는 핵심 장이다. 누구보다 오래, 꾸준히, 안정적으로 투자라는 전장을 견딜 수 있는 방법을 알려주겠다.

계획 없이 들어가면 당하고 나온다. 전략을 짜고 실행하는 사람이 결국 오래 살아 남는다. 같은 무기라도 싸우는 방식은 완전히 다르다. 군대에서 작전에 투입되기 전 가장 먼저 확인하는 것은 두 가지다. 이번 작전이 단기 작전인지, 장기 작전인지. 그에 따라 인원과 장비, 전략이 달라지고, 전투력 할당도 완전히 달라진다.

장기 투자와 단기 투자는 전략이 전혀 다르다. 장기 투자는 마치 거점을 확보하고 오랜 시간 버티며 공격과 방어를 번갈아 수행하는 전략형 작전이다. 반면 단기 투자는 정찰하고, 타격하고, 빠르게 철수하는 속도전 중심의 작전이다.

장기 투자의 접근 방향

주식 시장에 매일 신경 쓸 필요가 없다. 투자한 지수를 신뢰하고 기다릴 수 있다. 복리 효과로 자산이 커지는 구조를 만든다. 워런 버핏, 찰리 멍거, 벤저민 그레이엄 등 세계적인 투자 거장들은 모두 '시간'과 '복리'를 믿고 장기 투자를 선택했다. 그들이 단타 대신 '지수'를 택한 이유는 명확하다.

단기 투자의 접근 방향

뉴스, 실적, 이슈에 민감하게 반응해야 하며 타이밍 싸움이다. 하루 종일 근무하고, 훈련하고, 야간 당직근무까지 해야하는 군인이 단기 흐름을 분석하고 매수·매도 타이밍을 잡는다는 건 현실적으로 불가능하다.

어떤 세계적인 투자 거장 중에서도 단기 투자를 지속적으로 성공한 사람은 없다. 그들은 단기 트레이더가 아니라, 기업 분석과 장기 전략으로 시장에서 승리한 것이다. 나만의 명확한 기준이 있어야 살아남을 수 있다.

답은 장기 투자

그것이 바로 '장기 투자'이다. 하지만 장기 투자의 기준은 사람마다 다를 수 있다. 어떤 사람은 3개월 투자도 장기 투자라고 말하지만, 그렇지 않다. 진정한 장기 투자는 최소 5년 이상을 기준으로 삼는 것이 맞다.

그럼, 왜 5년일까? 미국 시장은 심각한 경제 위기로 시장이 폭락해도, 5년 정도가 지나면 99%의 확률로 회복했다. 이건 지난 100년간 미국 주식 시장이 증명한 사실이고, 나 또한 엄청난 공포를 경험한 사람으로서 확신할 수 있다. 이러한 장기 투자 전략에 더욱 힘을 주는 방법이 있다.

바로 미국 종합주가지수에 장기 투자하는 것이다. 미국 종합주가지수에 장기 투자하는 전략이 가장 현실적이고 효과적인 투자 방법이다. 그리고 군인이라는 특수한 상황에 맞게, 현실 속에서 적용하는 '지혜'를 갖춰야 한다. 매일 주가를 들여다볼 시간도, 여유도 부족한 군인에게 가장 효율적인 방법이다. 작전 중에도, 야외 훈련 중에도, 단 한 번의 터치 없이 내 자산이 복리로 커지는 방식. 그게 바로 '종합주가지수 장기 투자' 다.

마지막으로 종합주가지수가 왜 장기적으로 우상향 할 수밖에 없는 이유를 알려주겠다. 내가 말하는 종합주가 지수는 단순히 '주가의 평균'이 아니다. 예를 들면 S&P500은 미국의 신용평가사인 스탠더드 앤 푸어스가 기준을 두고 선정한 500개의 대형 우량주로 구성된다. 이 기업들은 분기마다 재평가되며, 기준에 미치지 못하면 제외되고 더 좋은 기업으로 교체된다. 이처럼 우량한 기업만 살아남게 되는 구조이기 때문에 장기적으로 우상향할 수밖에 없다.

나스닥 종합지수도 마찬가지다. 우리가 흔히 투자하는 QQQ는 나스닥100이라는 기술주 중심의 지수 ETF이지만, '나스닥' 자체는 증권거래소이며, 나스닥 종합지수는 이 증권거래소에 상장된 모든 기업들의 움직임을 반영한 것이다. 이 역시 정기적으로 종목이 교체되며, 일정 기준을 충족하지 못한 기업은 지수에서 제외된다.

즉, 이들 지수는 단순한 기업 리스트가 아니라 꾸준히 살아남은 경쟁력 있는 기업들로 구성된 '진화하는 포트폴리오'다. 이런 구조가 있기에 장기적으로 우상향할 수밖에 없다고 말하고 있는 것이다. 우량한 기업이 되기 위해서, 제외되지 않기 위해서는 끝없이 성장해야 한다. 그래서 나는 그곳에 투자한 것이다.

마지막으로 우리는 이렇게 말하는 사람들과 반대로만 하면 된다.

"치고 빠지는 타이밍을 잘 잡아야 한다."

이런 말은 단기 투자에 실패한 사람들이 지어낸 '거짓'일 뿐이다.

주가가 떨어져도 버틸 수 있는 힘!

돈이 돈을 벌어오는 구조, 그게 바로 배당이다. 매달 10일, 통장에서 '입금 알림' 문자가 오면 기분이 좋아진다. 고정적으로 돈이 들어온다는 건 내 멘탈을 붙잡아 주는 힘이 있다. 이런 안정감, 주식 투자를 하면서도 느낄 수 있는 방법이 있다. 바로 배당 투자를 통해서 말이다. 배당주는 '현금 흐름'을 만들어준다. 배당주는 기업이 수익을 낸 뒤, 그 일부를 주주에게 현금으로 나눠주는 구조다. 이게 바로 배당금이다.

내가 예를 들어 테슬라 10주를 가지고 있고, 주당 배당이 0.5달러라고 가정하면 10 x 0.5달러 = 5달러가 내 계좌로 들어온다. 5달러, 작다고 느껴질 수 있지만 1000주를 가지고 있다고 생각해 보자. 그게 매 분기, 매달 쌓이면 나중에는 배당금만으로도 내 생활비 일부를 감당하게 되는 순간이 온다.

배당 투자의 핵심은 '복리'이다. 배당 투자에서 중요한 건 받은 배당금을 다시 투자하는 것이다. 그걸 '배당 재투자'라고 부른다. 그냥 소비해버리면 끝나는 돈이지만, 다시 주식을 사면 '자산이 스스로 불어나는 구조'를 만들게 된다. 이게 바로 복리의 출발점이다. 배당을 받고, 그걸 다시 주식으로 바꾸고, 그 주식이 또 배당을 주고 이런 순환이 반복되면 자산이 기하급수적으로 커진다.

배당 투자는 또 하나의 장점을 가지고 있다. 주가가 떨어져도 멘탈을 유지하는데 도움이 된다. 왜냐하면, 내 계좌에 들어오는 배당금이 심리적인 방어막 역할을 해주기 때문이다. 실제로 내가 가지고 있는 몇몇 종목이 -30%~40% 떨어졌을 때도 배당이 꾸준히 들어오니까 '그래도 뭔가 계속 돌아가고 있다'는 안도감이 생겼다. 투자에서는 심리적 안정감이 있어야 버틸 수 있고, 버텨내야 수익을 낼 수 있다.

그렇다고 배당률만 보고 고르면 절대 안된다. "배당률 10%! 이건 무조건 사야지!" 이런 식으로 접근하면 실패할 가능성만 커진다. 높은 배당률에는 항상 이유가 있다. 실적이 악화되어 주가가 급락했을 수 있고 기업 자체가 위기 상황일 수도 있고 당장 배당은 많이 주지만, 몇 년 후 없어질 수도 있다. 그래서 단순한 '배당률'이 아니라 배당을 얼마나 꾸준히, 안정적으로 줄 수 있느냐다.

배당주를 고를 때 체크해야 할 것들!

* 배당률 (Dividend Yield)
  현재 주가 대비 연간 배당금 비율
  너무 높으면 오히려 위험 신호

* 배당 성장률
  매년 배당금이 꾸준히 늘고 있는가?

* 배당 지급 이력
  지난 몇 년 동안 배당을 줄곧 지급했는가?

* 기업의 실적 안정성
  배당을 줄 수 있는 지속 가능한 수익을 내고 있는가?

* 배당 성향 (Payout Ratio)
  순이익 중 몇 퍼센트를 배당으로 쓰고 있는가?
  너무 높으면, 미래에 줄 배당이 사라질 가능성이 있다.

미국 주식 배당금은 세금이 있다. 미국 주식에서 배당을 받으면 15%의 세금이 원천징수된다. 100달러의 배당을 받으면 15달러는 세금으로 빠지고, 85달러가 내 계좌에 입금된다. 그리고 배당금이 연간 2,000만 원을 넘는다면 국내에서도 종합소득세 신고를 해야 한다.(매년 5월) 배당금이 크다면 세금도 같이 고려하면서 배당 계획을 세워야 한다.

배당주는 속도는 느릴지 몰라도 방향은 분명하다. 배당주를 사고 배당금이 들어오고 그 돈으로 다시 주식을 사고 돈이 돈을 벌어오는 구조를 만드는 방법이다. 배당 투자도 결국 꾸준함이 만드는 복리 전략이다. 몇천 원, 몇만 원밖에 안들어 와도 그걸 쌓고, 다시 투자하고, 또 쌓고 이 루틴을 지키는 사람만이 진짜 배당의 위력을 느낄 수 있다.

실적 발표 시즌에 대처하는 법

실적 발표 시즌은 투자자들이 가장 민감해지는 시기다. 하지만 실적 발표 시즌에 내가 해야 하는 행동은 없다. 그리고 실적 발표를 굳이 확인할 필요도 없다. 많은 투자자들이 실적 발표를 마치 전쟁의 '작전 개시'처럼 여긴다. 하지만 냉정하게 보면, 주가는 이미 실적 발표 이전에 선물 시장이나 시장 기대치에 의해 대부분 선반영된다. 즉, 실적 발표는 후행 지표에 불과하다.

투자의 핵심은 이미 지난 데이터를 분석하는 것이 아니라 앞으로 성장할 가능성을 보는 것이다. 실적 발표에서 투자자가 주목해야 할 핵심 지표는 바로 '매출'이다. 매출이 꾸준히 성장하고 있다면, 이는 기업의 시장 점유율이 높아지고 있다는 좋은 신호다.

반면, 순이익, 주당순이익과 같은 지표는 기업의 재투자나 마케팅 비용 증가, 일시적 수요 공급 불안 등의 이유로 기업의 실제 가치와 다르게 왜곡될 수 있다. 단기적인 이익 감소는 기업의 본질적인 경쟁력을 나타내지 못할 수도 있다는 점을 기억해야 한다.

특히 종합주가 지수 ETF에 투자하는 투자자라면 개별 기업의 실적 발표를 일일이 체크할 필요는 거의 없다. 지수 투자는 개별 기업의 단기적 실적보다는 전체 시장 흐름과 장기 성장에 베팅하는 투자 방식이기 때문이다.

개별 기업에 직접 투자하더라도, 실적 발표 당일에 주가가 오르고 내리는 단기 변동에 집착하는 것은 오히려 불필요한 리스크를 초래할 수 있다. 중요한 건, 장기적으로 기업의 매출 성장과 시장 경쟁력을 보는 것이다.

냉정함이 중요하다. 실적 발표 시즌에 가장 중요한 태도는 '냉정함'이다. 좋은 실적 발표에 흥분해서 급히 매수할 필요도 없고, 나쁜 실적 발표에 패닉 상태로 급히 매도할 이유도 없다. 감정적인 대응보다는 기업이 장기적으로 어떻게 성장하고 있는지, 그 흐름을 확인하는 것이 더 중요하다. 실적 발표는 주가 변동성을 높일 뿐, 그 자체로 기업의 미래 가치를 결정짓는 것이 아니다.

장기 투자자는 단기 변동에 흔들리지 않고, 꾸준히 매출이 증가하는 우량 기업이나 종합지수를 보유하는 것이 더욱 유리한 전략이다. 누가 가장 먼저 아느냐가 아니라, 누가 가장 냉정하게 대응하느냐가 중요하다.

투자는 냉정하게 결정해야 한다. 실적 발표에 흔들리지 말고, 오히려 큰 흐름을 보는 눈을 키우자. 그것이 장기적으로 투자의 성과를 만들어 내는 길이다.

금리와 경제 지표가 주식에 미치는 영향

금리와 경제 지표는 마치 전쟁터의 날씨와 같다. 하지만 이를 과도하게 중요시하고, 이벤트에 맞춰 반드시 투자해야 한다는 식의 생각은 옳지 않다. 특히 종합주가 지수 ETF 투자자라면 더더욱 그렇다.

금리와 주식 시장은 심리에 반응한다. 많은 투자자들이 금리가 오르면 무조건 주식 시장이 하락한다고 생각한다. 하지만 실제 역사적 데이터를 보면 금리 인상기에도 주식 시장이 크게 상승한 경우가 더 많았다. 금리와 주식의 관계는 단순히 금리가 높으면 주식이 하락하고, 낮으면 상승한다고 일반화할 수 없다. 시장 참여자의 민감도, 즉 '심리'에 따라 다양한 방향으로 움직이기 때문이다.

금리가 올라가도 시장 참여자들이 경제 상황이 좋다고 판단하면 주가는 상승한다. 반대로 금리가 내려가도 경기 침체 우려가 크면 주가는 하락할 수 있다. 결국, 금리 변화 자체보다 그 변화에 시장이 어떻게 반응하는지, 투자자들의 심리가 어떻게 움직이는지가 더 중요하다.

지표와 실적에 대한 과도한 대응은 불필요하다. 경제 지표,

기업의 실적 발표 등을 공부하면 마치 그 이벤트에 맞춰 적극적으로 투자 전략을 수정해야 할 것 같은 느낌이 든다. 하지만 종합주가 지수 ETF에 투자하는 투자자에게는 크게 상관없는 일이다. 종합주가 지수 ETF는 기본적으로 시장의 우량 기업만 남기 때문에, 지표나 실적에 따라 개별 기업이 흔들려도 장기적으로는 우상향할 가능성이 높다.

나쁜 기업이나 실적이 좋지 않은 기업은 지수 ETF에서 자연스럽게 퇴출되고, 성장 가능성이 높은 기업으로 대체된다. 이것이 종합주가지수 ETF 투자의 가장 큰 장점 중 하나이다. 개별 기업의 이벤트나 지표를 일일이 대응하지 않아도 장기적으로 수익을 낼 수 있는 구조다.

중요한 건 일관된 장기 전략이다. 지표나 경제 뉴스가 발표될 때마다 투자 전략을 바꾸는 것은 기름통을 들고 불구덩이에 뛰어드는 것과 같다. 그래서 가장 중요한 것은 나만의 일관된 투자 원칙과 장기적 관점을 가지는 것이다. 경제 지표는 '공부의 대상'일 뿐, '즉각적 대응의 대상'이 아니라는 것을 꼭 명심해야 하고, 동시에 뉴스에서 금리 인상이나 인하 등 시장 이벤트가 있을 때, 시장의 심리 변화를 이해하되 내 투자 전략은 절대로 바뀌어서는 안 된다.

이런 단기적 변동과 상관없이 장기적으로 안정적인 수익률을 제공하는 투자 방식이 바로 종합주가지수 ETF이다. 투자자가 알아야 하는 것은 시장의 큰 흐름을 읽고, 장기적으로 꾸준히 투자하는 것이고, 단기적 지표 변화나 경제 이벤트에 지나치게 휘둘리지 않고 차분히 시장을 관찰하며 지속적인 투자를 유지하는 것이 중요하다. 결국 지표나 금리 변화에 민감하게 대응하는 투자보다, 일관된 전략과 장기적 안목을 가진 투자가 성공할 가능성이 훨씬 높다.

투자는 이벤트가 아니라, 시간이 만들어 내는 게임이다.

상승장에서 살아남기

'몰빵해!' 이런 마음이 드는 순간, 멈춰야 한다. 주식이 잘 오를 땐 내가 주식에 재능이 있는 천재같다고 생각한다. 매일 계좌는 빨갛고, 좋은 호재가 가득하다. 갑자기 평소에 없던 여유까지 생기며 온 세상이 평온하다.

하지만 이럴 때 가장 조심해야 하는 말들이 있다.

"지금 더 사야 해!"
"이건 계속 오를 거야!"
"몰빵해도 된다니까!"

주변 사람들도 "나 이번에 얼마 벌었어"라는 말만 한다. 이런 말들이 들릴 때, 떨리는 손을 붙잡고 그 순간을 잘 기억해야 한다. 시장이 가장 뜨거울 때, 내 멘탈은 가장 차가워야 한다. 그렇지 않으면 '상승장'이라는 함정에 빠지게 된다. 상승장은 분명 좋은 신호이고 기회다. 하지만 그 안에는 과도한 자신감과 맹목적인 '추격'이라는 함정이 숨겨져 있다.

기업의 가치는 그대로이고, 가격도 이미 많이 오른 상태이지만 근거 없는 기대감으로 부풀어져 있는 상황, 이런 상황에서의 투자는 정보보다 분위기에 휘둘리는 투자가 되기 쉽다. 주변이 다 좋다고 할 때, 나는 한 발짝 물러서야 한다. 스스로 실패한 추격자가 되지 말아야 한다.

상승장에서 가장 많이 하는 실수!

몰빵 투자

"이건 진짜 확실해, 이건 무조건 오른다!"

이런 말에 휩쓸려 한 종목 또는 한 섹터에 자금을 쏟아붓는 실수. 이건 '기회'가 아니라 '도박'이다. 한 번의 하락으로 계좌 전체가 무너질 수 있기 때문이다.

추격 매수

이미 40~50% 이상 오른 종목을 지금이라도 사야 하는지 고민하지 말자. 조급함에 따라 사는 것이다. 타이밍을 놓쳤다고 아쉬워하지 말고, 준비하고 기다리면 다시 기회는 온다.

기대감에 무계획 매수

AI 테마주는 무조건 간다. 이건 미국 대통령이 지원하는 종목인데? 주변에 이 주식을 꼭 보유하고 있던데? 실적이나 가치 분석 없이 뉴스나 유튜브 영상 분위기에 따라 유행처럼 따라가는 투자는 쫓아 가봐야 좋은 일은 없을 것이다. 나만의 기준으로 판단해야 한다. 그렇다면 우리는 상승장에서 어떻게 대응해야 하는가?

현금을 보유하자

상승장에서는 누구나 현금을 줄이고 싶어 한다. 오르는 종목을 보면 '아쉽다 조금 더 살껄'이라고 생각하기 때문이다. 하지만 우리는 그 아쉬움을 한방에 날려버릴 다음 매수 기회를 준비해야 한다. 항상 10~20% 정도의 현금을 남겨두는 습관을 가져야 급락장에 대비하는 주식 보험을 가입할 수 있다.

내가 보유한 종목을 계속 점검하자.

주가가 오르고 있을수록 더 냉정하게 기업의 가치를 살펴야 한다. 누군가 나에게 지금 보유하고 있는 종목을 현재 가격에 다시 살 수 있겠는가? 질문하면 "YES"라고 바로 답할 수 있어야 내가 보유한 종목이 가치있는 것이다.

상승장은 전투가 아니다. 축제처럼 보이지만, 곳곳에 함정이 깔려 있다. 이때 중요한 건 흥분하지 않고 내 기준을 지키는 힘이다. 감정을 통제할 수 있는 능력을 가져야 한다. 몰빵하지 말고, 수익에 도취되지 말고, 내가 왜 이 종목을 들고 있는지 계속 점검하자. 다들 흥분할 때, 나는 차분해진다. 이게 나만의 투자 자세이다.

하락장에서 살아남기

두려움은 금방 지나간다. 하지만 손절은 상처를 남긴다. 주식 시장에 발을 들인 누구나 하락장을 처음 마주하는 순간이 있다. 화면 전체가 빨간색인 어제와 달리 오늘은 화면 전체가 파란색이다. '이거 다 팔아야 하나?'라는 생각과 동시에 가장 먼저 찾아오는 감정은 '두려움'이다. 두려움은 본능이다. 그러나 투자에서는 가장 큰 적이다.

하락장은 당연히 무섭고 늘 큰 예고 없이 찾아온다. 계좌가 마이너스로 전환되기 시작하면 귀에 어떤 조언도 들리지 않고, 머릿속에는 온통 '손절해야 하나?' 라고 질문만 반복한다.

하락장에서 흔히 하는 실수

감정적 손절

계속 하락하는 종목을 보다 못해 아무 생각 없이 손절하고 얼마 지나지 않아 반등하는 걸 멍하니 바라보며 자책한다. 나는 이런 일을 자주 본다. 어떤 이는 매수하고 바로 찾아온 힘든 하락장을 버텨내고는 원금이 되자마자 매도해 버렸다.

다른 어떤 이는 한 달에 매수 매도를 3~4번을 하는 것을 보고 할 말을 잃었다. 떨어질 때 팔고 다시 사고, 또 떨어지면 팔고, 다시 사고... 이건 한마디로 심리적 패배다.

바닥 예측

여기가 바닥이라 생각하고 매수했는데 결국 또 내려간다. 주식은 절대 예측할 수 없다. 상승장의 끝도 하락장의 끝도 예측할 수 없다. 그럼 하락장에서는 어떻게 버텨야 하는가? 주식시장에서 조정과 폭락은 언제나 올 수 있다.

워런 버핏은 이렇게 말했다.

"당신이 10~20% 하락에도 멘탈을 유지하지 못한다면, 주식 투자는 당신에게 적합하지 않다."

무섭게 들릴 수 있지만 진짜 투자를 하고 싶다면 이 사실부터 받아들여야 한다. 계획적으로 판단하고 움직여야 한다. 내가 사기 전에는 기업의 가치, 실적, 미래를 충분히 알아보았을 것이다. 그런 분석에 확신이 있다면 주가가 내려갔다고 내가 틀린 투자를 한 건 아니다. 기업의 가치가 무너지지 않았다면 오히려 평균 단가를 낮추고 수량을 늘릴 수 있는 기회일 수 있다. 이 시기에는 스스로에게 질문을 해야 한다. "나는 투자자인가, 도박꾼인가?" 그리고 답하는 사람만이 하락장을 지나 다시 올라오는 시장에서 웃을 수 있다.

하락장을 절대 피할 수 없다. 그렇다면 즐겨야 한다. 내 멘탈을 지켜라. 처음 주식을 샀을 때를 다시 떠올려 보자. 내가 어떤 기준을 잡고 샀는지... 하락장을 끈질기게 버티는 사람에게는 결국 수익이라는 보상을 얻게된다.

5장. 절대 원칙

네이버 카페 리치군인

함께 하는 재테크 스터디

군인과 가족들에게 필요한 지식을 진심으로 나눕니다.

<도서출판 드림벙커>

5장. 절대 원칙

원칙이 전부다.

살아남는 투자자는 반드시 원칙을 지킨다. 주식을 처음 시작했을 때 단순한 마음이었다. 욕심을 버리고 조금씩 천천히 배워보자. 그런데 나도 모르는 순간 욕심은 찾아온다.

"이번엔 크게 벌 수 있겠다."
"이건 확실할 것 같은데 더 넣어 볼까?"

이렇게 말하면서 결국 '파멸의 길'로 이어지고 만다. 자신 있게 투자했던 종목이 하락하고, 그 안에 있던 전 재산이 흔들릴 때 사람은 멘탈이 무너지고, 투자를 멈추고 싶어진다. 이런 일을 한두 번 겪고 나면, 투자에 대해 깊이 고민하게 된다.

"대체 무엇이 잘못된 걸까?"
"나는 공부도 했고, 분석도 했는데 왜 결과를 항상 좋지 않은 걸까?"

그나마 다행인 건 이렇게 자신을 돌아보는 사람도 있는 반면 '그냥 투자는 하면 안 되는 것!'이라고 담을 쌓아 버리는 사람이 더 많다. 돌이켜 생각해 본 사람들은 비로소 깨닫는다. 투자는 실력이 아니라 '태도'라는 걸.

수많은 투자자들이 잃고, 떠나고, 돌아오지 못한 이유는 정보 부족이 아니라 원칙 부족이다. 그들은 흐름을 읽었지만, 감정을 못 이겼다. 기회를 봤지만, 조급함에 휘둘렸다.

반면, 남들이 잃는 순간에 나는 이렇게 말한다. "나는 내 원칙을 지켰을 뿐이다." 주식에서 절대적으로 지켜야 하는 원칙은 생각보다 단순하다. 하지만 그 단순함을 반복하는 게 어렵고, 그 반복을 견디는 게 진짜 훈련이다.

나는 이 세 가지만 지켜도 절대 투자에 실패해서 무너지지 않을 거라고 확신한다. 시장에서 많은 사람들은 같은 실수를 반복한다. 특정 종목이 오르기 시작하면 "이건 확실해"라는 말들이 넘쳐난다. 뉴스에는 호재로 가득하고, 인터넷은 '몰빵 성공!'이라는 자극적인 제목의 영상들로 뒤덮힌다.

그럼에도 절대적으로 판단을 외부에 맡겨서는 안된다. 누가 뭐라고 하든 "내 기준대로 간다"는 마음을 가져야 한다. 그게 가장 어렵고 힘든 투자자의 자질이다. 그렇게 내 기준을 지키면 언젠가는 알게 될 것이다. 그리고 그 원칙을 믿고 매일 똑같은 리듬으로 투자하는 것. 이게 내가 살아남은 '절대 원칙'이다.

몰빵하지 말자

투자에서 가장 위험한 감정은 '확신'이다. 많은 투자자들이 주식 시장에서 하는 가장 흔한 실수는 바로 '몰빵'이다. 몰빵이란, 말 그대로 한 종목 혹은 한 분야에 자신의 자산 대부분을 넣는 행위다. 처음에는 '확신'이라고 부르지만, 시간이 지나면 '불안'이 된다. 그리고 그 불안은 어느 순간 '손실'이라는 결과로 돌아온다.

하지만 우리는 왜 몰빵을 하게 될까? 왜 알면서도 같은 실수를 반복하는 걸까? 심리는 언제나 나를 몰빵하게 만든다.

"이번 종목은 확실해."
"이 기업은 시대를 바꿀 거야."
"다른 사람보다 먼저 들어가야지."
"지금 안 사면 너무 늦을 것 같아."

이런 말들은 시장에 있을 때 늘 따라다닌다. 한때 바이오 열풍이 불던 시절, 누구나 '○○백신'에 투자했고, '이건 정부가 밀어준다'며 전 재산을 넣었다. 결과는 어땠을까?

그 기업의 기술이 실패하거나, 정부 지원이 기대보다 부족하거나, 경기 흐름이 꺾이면서 확신은 배신으로 바뀌었고, 몰빵한 사람들은 회복하기 어려운 손실을 안게 됐다. 몰빵의 실전 리스크 예시를 들면 다음과 같은 것들이 있다.

코로나 시대의 백신주? 화이자와 모더나

2020~2021년, 화이자(Pfizer)와 모더나(Moderna)는 코로나19 백신 이슈로 폭등했다. 뉴스와 언론이 집중되며, 사람들은 "이건 무조건 올라간다"고 생각했다.

일부 사람들은 이 두 종목에 전 재산을 넣었고, 많은 수익을 거두기도 했다. 하지만 반대로, 고점에 몰빵한 사람들은 1년 만에 60% 이상의 손실을 봤다. 이건 운의 영역이지, 전략이 아니었다.

테마주의 함정　AI, 2차 전지, 정치 테마

시장이 '이 테마 간다'고 할 때마다 사람들은 테마주에 몰린다. AI, 반도체, 전기차, 수소, 정치 인맥 문제는 그 테마가 끝나고 나면 아무도 책임지지 않는다는 것.

분산은 수익을 줄이는 게 아니라, 생존율을 높이는 것이다. 분산 투자는 많은 투자자들이 입으로는 말하지만 실제로 행동으로 실천하는 사람은 드물다. 왜냐하면 단기 수익률은 몰빵이 훨씬 높아 보이기 때문이다.

하지만 주식은 한두 번의 전투가 아니라, 10년, 20년을 살아가는 생존 게임이다. 1번의 성공보다, 100번의 생존이 더 중요하다. 몰빵을 피하기 위해서는 테마에 집중하지 말고, 구조에 투자해야 한다. 특정 산업, 특정 트렌드는 영원하지 않다. 여러 섹터, 여러 유형의 기업에 자산을 배치해야 한 쪽이 흔들려도 다른 쪽이 지켜준다.

ETF와 분할 매수로 자산을 분산하라

ETF는 이미 분산이 되어 있는 상품이다. 초보자는 ETF 하나만 사도 자동으로 수십 종목에 분산 투자하는 효과를 볼 수 있다.

몰빵의 끝은 무력감이다. 몰빵을 했다가 실패하면, 투자자는 극심한 자책감과 무기력에 빠진다. 몰빵은 결국 시장에 내 전부를 맡기는 위험한 행동이기 때문이다. 확신은 신념이 되고, 신념은 타이밍을 놓치게 만든다. 그 순간 손실은 감당할 수 없을 만큼 커지고, 계좌는 복구하기 어려울 정도로 파랗게 물들어 있을 것이다. 그렇게 되기 전에 스스로를 점검해야 한다.

"내가 지금 너무 한 종목에 집착하고 있는 건 아닐까?"
"이건 진짜 확신인가? 불안을 감추기 위한 믿음인가?"

진짜 부자가 되는 사람은 단 한 번에 돈을 번 사람이 아니다. 수많은 실패를 견디고, 다시 돌아온 사람이다. 몰빵을 피하고, 분산 투자의 의미를 이해한 사람만이 살아남는다.

"왜 그때 안 팔았을까"
"왜 이 종목만 믿었을까"
"역시 나는 안 되는가 보다"

이런 감정은 다음 투자를 아예 못 하게 만든다. 몰빵은 수익보다 멘탈을 먼저 부순다. 이게 몰빵의 가장 큰 비용이다. 투자는 속도가 아니라 생존이다. 빨리 부자가 되는 방법보다 천천히 망하지 않는 방법을 찾아야 한다. 몰빵은 내 생존을 포기하는 가장 빠른 지름길이다.

워런 버핏은 이렇게 말했다:

"절대 잃지 마라. 첫 번째 원칙을 절대 잊지 마라."

그 첫 번째 원칙을 지키기 위해서 두 번째 원칙이 바로 '몰빵하지 말라' 는 것이다.

죽을 때까지 보유하자

팔아서 손해 본 적은 있어도, 오래 들고 손해 본 적은 없다. 주식을 처음 사게 되면 먼저 드는 생각이 있다.

"얼마에 팔까?"

대부분의 사람들은 사고나서 바로 팔 생각부터 한다. 조금만 오르면 수익을 실현하고 싶고, 떨어질 것 같으면 손실 나기 전에 던져버리고 싶어진다.

그 마음, 나도 백 번 이해한다. 내가 처음 투자했을 때도 그 감정을 억누르는 데 가장 힘이 들었다. 그래서 올라가도 불안하고, 내려가면 더 불안했다. 근데 어느 순간 이런 생각이 들었다.

"왜 이렇게 불안할까? 내가 잘못하고 있는 건가?"

내게 질문을 던지고 곧바로 답을 찾았다. 나는 주식을 팔 생각만 하고 있던 것이다. 그 이후 생각을 바꿨다.

"확신을 가지고 투자한 종목이니 무조건 들고 간다."

단기 투자는 불안의 연속, 장기 투자는 확신의 누적이다.

나는 결코 작은 흔들림에 떨지 않고, 투자와 감정싸움을 하지 않는다. 내가 분석한 종목의 기업이 어느 정도의 가치가 있는지 나는 확신했다. 기업이 꾸준히 성장하는지 지켜보며, 그 안에서 복리의 마법이 일어나길 기다리는 것이다.

찰리 멍거는 이렇게 말했다.

"우리는 평범한 아이디어를 지독하게 오래 들고 있었을 뿐이다."

대단한 기술도 아니고, 하이리스크를 감수한 것도 아니다. 단지 '좋은 종목을 오래 들고 있었던 것', 그게 나에게 부를 만들어 줄 가장 확실한 전략이다. 그럼 왜 좋은 종목은 금방 팔아 버릴까? 대부분 사람들은 수익이 나면 불안해한다.

"이 정도 벌었으면 충분한 거 아냐?"
"지금 안 팔면 떨어질지도 몰라."

그렇게 서둘러 팔고 나면, 꼭 며칠 뒤에 이런 상황이 펼쳐진다.

"내가 팔고 나서 20% 더 올랐어…"
"그냥 들고 있었으면 지금 더 많이 벌고 있을텐데.."

결국 문제는 '팔 타이밍'을 고민한 나 자신이다. 내가 좋은 종목을 골라냈으면, 주가가 잠시 떨어진다고 해도 그 안의 기업 자체가 무너지지 않는 이상 이건 공포를 매수 할 수 있는 절호의 찬스이다.

내가 주식을 처음 샀을 때였다. 수익률이 조금 되니, 주변 동료들이 말했다.

"야, 이 정도면 이제 팔아야지."
"이익 실현 안 하면 나중에 후회해."

하지만 팔지 않고 버티며 내 기준에 맞게 더 매수했고, 더 큰 수익을 얻을 수 있었다. 나는 그때 깨달았다. 빨리 파는 건 수익을 확정짓는 게 아니라, 미래의 수익을 버리는 행동이라는 걸.

내가 선택한 종목에 대해 질문을 계속 던져야 한다. 이 기업은 지금보다 더 커질까? 앞으로도 계속 이 기업의 제품이나 서비스는 쓰일까? 회사의 실적은 계속 개선되고 있는가? 이 질문에 'YES'라고 답할 수 있어야 한다. 단기 수익은 눈에 보이지 않지만, 그 대신 복리의 축적이 나를 기다리고 있다는 걸 알아야 하기 때문이다. 복리는 멘탈이 만드는 숫자다. 복리라는 건 단순한 수학 공식이 아니다. 그건 시간을 견디는 자에게만 주어지는 보상이다. 1년 들고 가는 사람에겐 1년 치 수익만 돌아오지만, 10년을 들고 계속 수량을 모은 사람에겐 그 10년이 만들어 낸 시간의 자산이 쌓인다. 그게 바로 속도가 아니라

'누적'이다.

　워런 버핏의 자산 대부분은 50대 이후에 터졌다. 60세 이후에 그의 순자산은 100배 가까이 뛰었다. 이유는 단 하나, 팔지 않고 계속 들고 있었기 때문이다. 그러니 우리는 주식을 자주 사고, 팔면 안된다. 자주 사고팔면 수수료도 생기고, 세금도 내야 한다. 하지만 감정이 앞서면 다들 이렇게 생각한다.

　"다른 데 갈아타는 게 낫지 않을까?"
　"이 기업 말고 요즘 잘 나가는 데로 바꿔야겠다."

　그렇게 종목을 이리저리 갈아타다 보면 진짜 오를 종목은 이미 떠나 있고, 나는 항상 기회보다 '반 박자' 늦는다.

　좋은 타이밍은 내가 만들어 내야 한다. 이런 타이밍을 아는 사람들은 '언제 살까?'보다 '언제까지 들고 있을까?'를 고민한다. 그리고 '그냥 죽을 때까지 들고 간다'라는 것 보다 '더 크고 미래적인 자산을 구매할 때 과감하게 매도한다.'라는 결론을 냈다. 이게 바로 진짜 부자들의 투자 철학이다.

워런 버핏은 이렇게 말했다.

"당신이 평생 들고 갈 주식이 아니라면, 10분도 들고 있지 마라."

들고 있는 자가 결국 이긴다. 누군가는 빠르게 사고팔면서 수익을 쌓고 있다고 생각한다. 하지만 그건 '수익'이 아니라 '기록'일 뿐이다. 진짜 돈은, 좋은 자산을 오래 들고 간 사람에게 돌아간다. 좋은 종목을 잘 골라냈다면, 그 다음엔 의외로 단순하다.

아무것도 하지 말고, 그냥 들고 있으면 된다. 그 단순함을 반복하는 게 진정한 투자가이다. 팔고 싶은 유혹이 와도, 뉴스가 흔들어도, 지루하다는 생각이 들어도, 계속 들고 있을 수 있어야 한다. 그게 바로 죽을 때까지 보유하자는 이 원칙의 핵심이다.

뉴스 믿지 마라.

이 세상에 뉴스보다 느린 건 없다. 투자를 하게 되면 매일 같이 쏟아지는 뉴스에 휘둘리게 된다. 참고만 하려고 했는데, 어느새 판단 기준이 뉴스가 되어 가고 있다.

"엔비디아, 역대 최대 실적 달성!"
"연준, 금리 동결 발표 증시 반응은?"
"전문가들 '하반기 증시 낙관적' 전망"

이런 제목을 보면 순간 마음이 움직인다. 지금 사야 할 것 같고, 늦으면 기회를 놓칠 것 같다.

근데 나는 묻고 싶다. "정말 뉴스 보고 돈 번 사람이 있을 까?" 나는 없다고 확신한다. 아니 없다. 오히려 뉴스에 기대는 순간 내 돈은 휴지 조각처럼 없어질 것이라고 생각한다. 뉴스 는 '사건'이 아니라 '반응'이다. 우리가 보는 뉴스는 대부분이 이미 시장에 이미 퍼진 상태이다. 즉, 뉴스는 사건보다 늦다.

그리고 뉴스는 '정보'가 아니라 '감정'을 퍼뜨린다.

"지금 시장은 불안하다."
"지금 분위기는 낙관적이다."
"지금이 기회다, 아니 위기다."

하지만 그런 뉴스가 나왔을 땐 이미 그 정보는 주가에 반영 돼 있다. 예를 들어 "엔비디아, 사상 최대 분기 실적 발표!" 이런 뉴스가 나왔다고 하자. 많은 사람들은 이 뉴스를 보고 들어가려 한다. 근데 그 시점엔 이미 주가는 올라 있고, 오른 가격에 쉽게 사지 못한다. 왜냐하면 실적 발표 전부터 기관과 큰손들은 정보를 미리 알고 움직였기 때문이다. 그렇게 되면 결국 우리는 뉴스 속에 집을 짓고 사는 '개미'가 된다. 우리는 뉴스보다 '데이터'를 봐야 한다.

뉴스는 감정을 자극하지만, 투자는 절대 감정으로 하면 안된다. 그 감정이 통제되면 사람들이 뉴스 보고 반응하는 것에 대해 "왜?"라고 묻는다. 뉴스 안에는 그 어떤 숫자도 없고, 지표도 없다. 그냥 뉴스는 보는 것이다. "그냥 그렇구나."하고 참고하고, 그 안의 흐름만 해석할 줄 알면 된다. 뉴스보다 '나'를 믿어야 한다. 결국 투자에서 중요한 건 뉴스가 아니라 나만의 기준이다. 이 뉴스가 나오기 전에도 이 기업은 괜찮았는가, 이 뉴스가 없었다면, 나는 이 종목을 매수하겠는가, 지금 내가 매수하려는 이유가 뉴스 때문인가.

이런 매수는 '내 선택'이 아닌 '타인의 말'이다. 절대 오래 못 간다. 내가 믿지 않은 투자에 확신도 없고, 확신이 없으면 멘탈은 쉽게 무너진다. 요즘 세상은 정보가 넘친다. 어디서든 시황을 보고, 유튜브에서 전문가 분석을 듣고, 뉴스 앱 알림이 계속 울린다. 하지만 그 많은 정보 중 진짜 나에게 필요한 내용은 10%도 안 된다는 사실이다. 결국 내가 믿을 수 있는 것은 결코 뉴스가 아니다. 바로 내가 세운 기준, 내가 만든 전략, 내가 정한 루틴이다. 그 기준을 매일 확인하고, 실행하다 보면 어느 순간 뉴스에 흔들리지 않는 강한 투자자가 되어 있을 것이다.

6장. 계급별 투자 전략

네이버 카페 리치군인

함께 하는 재테크 스터디

군인과 가족들에게 필요한 지식을 진심으로 나눕니다.

<도서출판 드림벙커>

6장. 계급별 투자 전략

경제적 전투력, 지금부터 길러야 하는 것.

전투를 하기에 앞서 중요한 것은 바로 전투 준비 태세다. 총기 손질 하나도 허투루 넘기지 않듯, 재정 관리와 투자 습관도 지금부터 철저히 준비해야 한다. 전입 신병부터 중견 간부까지, 계급은 다르지만 목표는 같다.

군에 입대한 신병은 작게 시작해도 괜찮다. 하지만 의미 없는 소비를 줄이고, 나만의 투자 원칙을 만들어 실천하는 것, 그게 진짜 시작이다. 주식 한 주라도 내 손으로 사고, 내 돈의 흐름을 직접 관리해 보는 경험. 그게 곧 투자 감각이 되고 습관이 된다.

병장은 전역이 코앞이고, 적금이 만기 되는 순간이 온다. 단순한 소비로 흘려보낼 수도 있다. 하지만 나는 말한다. 이건 내 자산의 첫 씨앗이다. 소비 예산과 투자 자산을 구분하고, 목표를 기록하며 움직여야 한다. 지금의 판단이 전역 후 5년을

좌우한다.

임기제 부사관. 말 그대로 '내가 시간을 선택한 순간'이다. 이 6개월은 단순한 연장 근무가 아니라, 투자 습관을 정비하고 체계화할 수 있는 전략적 시간이다. 매달 주제를 정해 실천하고, 작은 성공을 반복하며 자신감을 쌓자. 이 루틴 하나만으로 당신은 투자자다.

초급 간부 중에 알바로 월 천 벌 수 있다며 전역을 고민하는 사람도 있다. 하지만 군인의 레버리지는 단순한 월급이 아니다. 안정적인 급여와 복지, 신용을 바탕으로 자산을 불리는 확실한 구조를 만들 수 있는 특권이 있다. 이걸 모르고 전역하면, 다시는 못 돌아온다.

중견 간부의 투자 전략이다. 이제까지는 그럭저럭 살아도 괜찮았겠지만, 이제부터는 달라져야 한다. 돈에 무감각한 채 소비만 반복하다 보면, 전역 후에는 빈손이다. 화폐는 계속 찍

히고 자산은 점점 멀어진다. 미국 주식 ETF를 중심으로 복리 구조를 만들고, 자녀에게도 증여 전략을 세워야 한다. 지금이 마지막 전환점이다.

계급은 중요하지 않다. 어떤 마음가짐으로 준비하고 있느냐가 중요하다. 내가 알려 준 필승 전략을 토대로, 지금부터 '전투 준비 태세'를 갖춰라. 그리고 명심하자. 이 싸움의 끝은 '자유' 다. 돈으로부터의 자유, 시간으로부터의 자유, 그게 진짜 작전 목표다.

작은 습관이 평생의 전투력을 만든다.

군대에 처음 들어왔을 때 그 막막함을 기억한다. 낯선 환경, 규칙적인 생활, 그리고 매일 반복되는 훈련 속에서 어느 순간 루틴이 자리 잡기 시작한다. 사실 투자도 같다. 처음엔 모두가 모른다. 낯설고 어렵고, 두렵다.

하지만 시작하는 지금이 가장 중요하다. 주식이건 무엇이건, 가장 먼저 해야 할 일은 '버틸 자금'을 따로 만들어야 한다는 것이다. 나는 전입 신병이 오면 말한다.

"내일 장병 적금은 꼭 최대로 넣어라."

이건 일반 사람들이 알고 있는 단순한 은행저축과는 다르다. 현재 우리나라에서 가장 수익률이 높은 안전 투자처이다. 바로 그 점을 이용해 투자를 위한 첫걸음을 내딛는 것이다. 군 복무 기간 월급의 일부를 떼어서 반드시 안전 자산으로 분리하는 것. 그게 기본 중 기본이다. 그리고 반드시 나만의 '현금 흐름표'를 작성하라고 강조한다. 그냥 돈을 쓰고 남는 게 얼마인지 감으로 생각하지 말고, 매달 들어오는 수입과 일정하게 나가는 지출을 정확히 적어 보는 거다.

의외로 많은 친구들이 돈을 아끼는데 왜 모이지 않는가라고 생각한다. 이유는 간단하다. 소비를 의식하지 않기 때문이다. 흐름을 적어보면 바로 보인다. PX, 택배, 휴대폰 게임 결제…등 생각보다 많은 돈이 새고 있다. 현금 흐름표를 쓰기 시작하면 절약은 저절로 따라온다. 의미 없는 소비를 줄이고, 나에게 꼭 필요한 소비만 남긴다.

바로 그때! 그렇게 남은 돈, 아주 소액이라도 괜찮다. 그 돈으로 주식을 한 주라도 사보는 거다. 주식을 너무 무섭게만 생각하지 말자. 물론 내 주변에 인터넷 도박 또는 잘못된 코인 투자로 어려움을 겪고 있는 동료가 있을 수도 있다. 하지만 그 모습을 보고 오히려 나는 저렇게 하지 말아야지 하고 생각해야 한다.

또 처음에는 수익을 내는 것보다, '경험'이 훨씬 더 중요하다. 예를 들어 20만 원 정도 절약해서 남는다면, 그 돈으로 S&P500 ETF 한 주를 사보는 거다. 아니면 나스닥100 ETF

148

도 좋다. 이 작은 시도 하나가, 시장을 보는 눈을 키우고, 내 계좌를 보는 습관을 만든다.

군대에서 투자 관련하여 많은 정보를 아는 사람은 거의 없다. 중요한 건 '내가 스스로 투자에 참여하고 있다'는 자각이다. 이 자각이 생기면 더 알고 싶어진다. 그리고 배운다. 그렇게 자연스럽게 투자라는 습관이 내 안에 자리를 잡는 것이다.

나는 내 방식대로 투자한다. 그리고 그 방식을 처음부터 강하게 밀고 나간다. 많은 사람들이 묻는다.

"이 종목은 어때요?" "지금 사야 하나요?"

그 종목이 좋다고 느껴졌다면, 적어도 한 번은 직접 사보고 느껴봐라. 남들이 좋다니까 사는 게 아니라, 내가 직접 판단하고 매수해 보는 경험이 훨씬 소중하다.

훈련병 시절, 총 쏘는 법을 이론으로만 익히지 않는다. 실제로 사격장에 가서 총을 들고 방아쇠를 당겨 표적을 맞추는 경험이 있어야 진짜 감각이 생긴다. 투자도 똑같다. 일단 직접 쏴봐야, 명중률이 늘고, 실패를 통해 영점을 다시 잡던지 조준법을 바꾸게 된다.

방식은 단순하다. "군대 업무처럼 루틴을 만들어 보자." 월급날, 일정 금액은 적금으로, 일정 금액은 투자로 나눠서 자동이체로 세팅한다. 고민 없이 바로 분리하는 습관. 나에게 먼저 투자하는 습관을 꼭 들여야 한다.

그리고 주식 계좌는 자주 열어보지 말자. 수익률을 확인하는 건 한 달에 한두 번이면 충분하다. 중요한 건 수익률이 아니라, 내가 세운 계획대로 움직이고 있는지 여부다. 그리고 나처럼 틈틈이 투자 일기를 적어 보면 좋다. 내가 오늘 어떤 이유로 그 종목을 샀는지, 어떤 마음으로 매수를 결정했는지 간단하게라도 적어 보는 거다. 이것이 바로 자신만의 투자 매뉴얼이 된다. 나중에 보게 되면 '아, 이때는 이런 생각이었지' 하며 감정을 객관화할 수 있다.

감정은 투자를 망치는 가장 큰 요인 중 하나다. 기록은 감정을 잡아주는 무기가 된다. 꼭 명심하자. 지금 시점에서 해야할 건 수익률을 쫓는 것이 아니다. 올바른 투자 습관을 들이는 것이다. 그 습관이 전입 신병서부터 일병, 상병, 병장까지 누적되면, 자연스럽게 내 계좌는 성장하고 있을 것이다.

"작게 시작해도 된다. 다만 제대로 시작해야 한다."

주식을 무조건 이기려는 게임으로 보지 말고, 훈련이라고 생각하자. 군대 와서 체력을 키우기 위해 매일 아침 조깅을 하듯, 우리는 적은 금액으로 감정을 다스리고, 계획을 세우고, 판단을 익혀야 한다. 그것이 바로 실전에서 쓰일 '전투력'이 된다.

작은 습관 하나가, 앞으로의 군생활처럼, 투자 생활에서도 평생을 버틸 수 있는 무기가 되어줄 것이다.

경제 인터뷰 1 : 고학력자 병장

공부는 그들의 일상이었다. 과목의 깊이 보다 시험의 방향을 고민했고, 출제자의 의도를 꿰뚫는 훈련에 익숙했다. 이들은 바로 카OOO라는 이공계 최고 수준의 교육기관에서 성장한 청년들이며, 내가 근무하고 있는 부대에 근무하는 용사들이다. 실명을 대신해서 병장과 상병으로 부르겠다.

두 사람의 삶은 분명히 '공부의 성공' 이란 말로 정의할 수 있을 것이다. 그러나 우리가 묻고 싶은 건 다른 질문이다. "공부를 잘한 그들은 과연 경제를 잘 아는가?"

경제는 배웠는가, 혹은 마주쳤는가?

병장은 학교 민간 교육 프로그램을 통해 ETF나 자산운용에 대한 강의를 들은 적이 있다고 했다. 국내 ETF나 미국 S&P500과 같은 기초 투자 정보에 접한 경험이 있지만, "딱히 집중해서 들은 건 아니었다"고 말했다.

자산 운용에 대한 접근은 오히려 '안정성'을 기준으로 하며, 청년 우대 적금 상품에 관심이 많았다. 즉, 자산 증식을 위한 공격적 태도보다는, 안정된 보관처로서의 금융기관에 의존하고 있다.

반면 상병은 군 적금을 넣고도 여유롭게 돈이 남을 만큼, 소비에 큰 관심이 없었다. 자산 운용은 커녕 현금 흐름표조차 써본 적이 없다고 했다. 상병에게는 경제는 몰라도 잘 살 수 있었던 것이었다.

하지만 군대에서 시간이 생기고 외부 자극이 줄어들자,

"돈이 움직이는 게 보였다"며 투자에 관심이 생기기 시작했다고 말했다. 그 시작은 바로 단순한 '호기심'에서 시작되었다.

경제관의 형성, 부모의 영향력

두 사람 모두 부모님으로부터 받은 경제 교육은 명확한 경제 지식보다는 정서적인 태도에 가까웠다. 병장의 부모님은 카OOO 졸업장 하나면 안정된 직장이 자연스럽게 따라올 것이라 믿었기에, 본인이 대학원을 그만두겠다고 했을 때 매우 걱정했다고 회상한다. 정작 본인은 돈 이야기를 거의 해본 적이 없다고 했다.

하지만 상병은 조금 달랐다. 부모님은 절약을 강조했지만, 행복을 위한 소비는 정당하다는 철학도 동시에 갖고 있었다. 그는 이를 자연스럽게 흡수했고, 현재의 자신의 소비 태도도 그 연장선에 있다고 느낀다.

고학력과 고소득은 연결되는가?

"그건 잘 모르겠습니다."

두 사람 모두 고학력이 곧 고소득으로 직결되는지에 대해서는 확신하지 못했다. 병장은 연 1억 정도를 버는 사람은 많다고 생각한다. 그렇지만 연 10억을 버는 사람은 흔치 않으니 그 정도는 벌어야 고소득이라고 생각한다고 했다.

우리들을 보고 다들 고학력이라고 말하지만, 좋은 직장에 취직할 수 있는 발판을 만들어 줄 뿐 무조건 고소득으로 이어지지 않는 것 같다고 두 사람 모두 말했다.

투자의 개념, 그 경계에서 맴도는 불안

두 사람 모두 투자라는 단어 앞에서 여전히 망설인다. 병장은 투자에 대해 불로소득이라는 개념이 주는 죄책감을 언급했다. 노동의 신성함이 투자에 대한 거리감을 만들었고, 주식 또한 재미로 해본 적은 있으나, 아직은 적금이 더 안정적이라는 입장이다.

상병 역시 미국 주식이 더 낫다는 건 알고 있지만, 정보 부족으로 선뜻 시작하지 못하고 있다고 말한다. 그는 현재 아버지로부터 2천만 원을 증여받기도 했지만, 현재까지도 현금으로 보유 중이다. ETF나 연금계좌로 이동할 가능성은 열려 있지만, 실행은 이뤄지지 않았다.

그럼에도 불구하고, 배워가는 중

흥미로운 점은, 이들이 경제를 몰라서 무지한 것이 아니라, 그저 아직 직접 경험하지 않았기 때문에 미지의 세계처럼 느끼고 있다는 점이다. 실제로 두 사람 모두 ETF나 연금계좌, 미국 시장과 같은 주요 자산 관리 방식에 대한 인지 수준은 꽤 높았다. 다만 실행과 확신 사이에서 여전히 머뭇거리고 있었다.

인터뷰 끝에, 이들이 나에게 되물은 질문이 있었다.

"행보관님은 미국 주식 하십니까?"

"ETF를 하고 있다. 적립식 투자 방식으로, 나만의 기준을 잡고, 공포와 탐욕을 잘 컨트롤하는 전략을 쓰며 자산을 키워 나가고 있다."

그 대답에 그들은 고개를 끄덕였다. 그들은 정보를 더 얻고, 경험을 쌓고, 조금만 더 확신이 생기면 분명 움직일 것이다. 인터뷰를 통해 알 수 있는 건, '고학력'은 지식의 깊이를 보장하지만, 경제 감각을 자동으로 부여하지는 않는다는 사실이다.

두 사람은 아직 학습 중이다. 자신의 삶에서 돈이 어떤 의미를 갖는지, 그리고 그것을 어떻게 다뤄야 할지에 대한 자기만의 '철학'을 만드는 중이다. 지금은 적금을 들고 있지만, 머지않아 그들은 스스로 좋은 종목을 사고, 분산 투자와 리스크 관리 개념을 알게 될 것이다. 왜냐하면 이들은 이미 배움을 두려워하지 않는 사람들이기 때문이다.

경제 인터뷰 2 : 서울대 의대 출신 군의관

고학력자에서 고소득자로 나아가는 길은 때때로 자연스러운 여정으로 보인다. 하지만 실제 그 길 위에 선 사람은 어떻게 경제를 바라볼까? 나는 서울대 의대를 졸업하고 군의관으로 임무 수행 중인 육군 중위의 생각하는 돈과 투자의 본질에 대해 들어보았다.

첫 월급, 그리고 경제적 고민의 시작

의사가 되어 첫 월급을 받은 순간은 그에게 잊을 수 없는 경험이었다.

"통장에 찍힌 돈이 생각보다 많았습니다. 그때 저는 돈을 어떻게 써야 할지 처음으로 진지하게 고민했습니다. 그 이전까지 제게 돈이란 그저 생활비일 뿐이었거든요."

그 순간부터 그는 경제 공부를 시작했다. 책을 읽고 유튜브를 시청하며 자산 운용과 투자에 대해 적극적으로 탐구했다. 의사라는 직업, 경제적 보장을 뜻하지 않는다. 의사라는 직업을 갖게 되면 인생이 자연스레 잘 풀릴 것이라 생각할 법도 하지만, 그는 단호히 고개를 저었다.

> "단 한번도 그렇게 생각한 적 없습니다. 부모님도 부유하지 않았고, 주변에서 병원을 운영하다 실패하는 사례도 자주 봤습니다. 대학병원 역시 자리 유지나 업무 스트레스로 인해 생각보다 불안정한 환경이에요."

오히려 그는 늘 다가올 경제적 위기에 대비해 스스로 자산을 형성하고 능력을 키우는 방향으로 삶을 설계해야 한다고 믿었다.

월급만으론 부족하다, 투자로 미래를 준비하다.

그는 단순히 월급을 모으는 것만으로는 충분한 노후 대비가 어렵다고 강조했다. 따라서 그는 일찍부터 적은 금액이라도 투자하여 복리 효과를 얻는 것이 중요하다고 생각했다.

"작년 미국 주식 상승장을 계기로 주변 의사들도 투자에 많은 관심을 갖게 되었습니다. 제 주변에도 단순히 저축만 으로는 부족하다는 인식을 가진 사람이 많아요."

다만 리스크가 높은 암호화폐나 레버리지 투자는 하지 않 는다고 말했다. 대부분의 의사들은 안전을 추구하는 성향이 많 기 때문이라고 답했다. 현재 그는 월급의 일부를 채권, 달러, 미국 주식 ETF(S&P500), 금에 분산 투자하고 있다. 세제 혜 택이 있는 ISA 계좌를 활용해 장기 투자하는 것이 그의 전략 이다.

목표는 탄탄한 노후와 주거 안정성

그는 미래를 매우 구체적으로 그려두고 있다.

"국민연금을 믿지 않기에, 65세가 되기 전에 월 300만 원 정도의 연금 소득을 확보하려고 합니다. 이를 위해 꾸 준히 연금저축에 투자하고 있고, 소득이 늘어날수록 투자 금액도 늘릴 계획입니다."

중장기적으로는 수도권의 실거주 목적 아파트를 매수하는

것이 목표. 1억 원 이상의 시드머니가 모이면 부동산 공부를 본격화할 생각이다. 그 전까지는 절약과 저축에 집중하겠다고 한다.

그는 이 두 가지 목표가 달성된다면 이후에는 월 배당과 이자 수익을 통해 현금 흐름을 창출하고, 올바른 경제 마인드를 바탕으로 순수한 의료 활동과 봉사를 이어갈 계획이라고 한다.

인터뷰를 마치며, 나의 제안과 조언

군의관의 생각은 인상 깊었다. 다만 몇 가지 조언을 덧붙이고 싶다. 그는 리스크가 높은 자산을 피한다고 했다. 나는 이것이 그가 잘 모르는 영역에 대한 두려움, 즉 손실 회피 심리에서 온 것이라 생각한다. 의학 지식 외의 경제 지식을 깊이 있게 배우고 확장하는 것이 그의 자산 관리 능력을 훨씬 더 키워줄 수 있을 것이라 확신한다.

주식 투자에 대해서는 미국 종합주가지수 ETF를 적극 추천한다. 그리고 어떤 일이 있어도 장기적으로 보유하며 절대 팔지 않는 원칙을 권한다.

또한 그는 주거 안정성을 실거주 중심으로 생각했는데, 나는 이를 다르게 바라본다. 좋은 입지에 부동산을 매입하고 전세나 월세를 통해 타인이 자산을 대신 갚아주는 구조를 만드는 게 현명하다. 병원에서 제공하는 숙소나 관사처럼, 자신의 신용과 레버리지를 최대한 활용하는 방식이다.

마지막으로 월 300만원 연금이라는 목표는 인플레이션을 감안하면 부족할 수 있다. 숫자에 집착하기보다는 장기적인 현금 흐름 구조를 만드는 데 초점을 맞추는 게 더 중요하다. 시드머니가 준비되기를 기다리면 늦는다. 부동산 공부를 병행하며 실제 투자 경험을 쌓아가는 것이 현명한 방법이다.

그가 꿈꾸는 삶의 모습

그는 자신의 최종적인 삶의 목적을 다음과 같이 표현했다.

"일을 그만둘 생각은 없습니다. 다만 돈 걱정 없이 내가
원하는 방식으로 의료 활동을 하며 살고 싶어요. 무료 의
료 봉사를 하거나, 가볍게 주 2회 정도만 외래를 보면서
행복과 자기 만족을 느끼는 삶이 제 목표입니다."

이것은 단순히 돈을 버는 삶이 아니라, 삶을 풍요롭게 만드
는 미래를 그리는 그의 본질일 것이다. 나는 그가 언젠가 그 꿈
을 꼭 이루리라 믿는다. 그리고 지금 그는 선택의 길에 서 있
다.

전역을 앞둔 병장 : 전략 설계 먼저

병장이 되면 자신이 태어날 때 부터 군인이었던 것처럼 편하기도 하고, 살짝 두려운 마음도 들 것이다. 곧 '전역'이라는 큰 문 앞에 서 있기 때문이다. 이제는 현실이다. 지금까지 모은 돈을 어떻게 해야할까라는 질문을 계속 던져야 한다.

전역 후 두 가지 선택할 수 있다. 무사히 전역한 자신을 위한 행복한 소비를 선택할 것인지, 아니면 올바른 투자 방법으로 내 자산의 성장과 안정을 동시에 잡기 위한 실질적인 시간을 활용할 것인지 말이다.

이제 질문해 보자. 당신은 어떤 선택을 할 것인가? 소비로 끝낼 것인가, 투자로 보람 있게 채울 것인가? 해외 여행에서 찍은 사진은 잠깐 기분을 좋게 만들지만, 버티고 지키며 쌓아 올린 적금과 투자 경험 자산은 당신의 다음 인생을 바꿔놓는 힘이 있다.

우리는 무엇을 더 가치 있게 여길 것이며, 목표한 삶을 설계하는 출발선에 서기 위해 필요한 것이 무엇인지 반드시 고민해야 한다. 여기서 방향을 잘 잡게 된다면, 당신의 출발선은 다른 이보다 한발 빨리 성공적인 여정을 시작할 수 있게 해준다고 확신한다.

그렇다면 병장은 미래를 위해 어떤 전략을 세우고 작전 매뉴얼을 짜야 하는가? 피할 수 없다면 즐겨보자. 소비 예산을 미리 정해보는 것이다. 돈의 일부를 즐거운 경험으로 분리해 놓고, 나머지를 투자 자산으로 확실하게 정해두자. 예를 들면 적금 1,000만 원 중 200만 원은 소비, 800만 원은 ETF, 배당주, 우량 성장주 등 내가 해왔던 원칙에 따라 투자하기로 본인과의 약속을 하는 것이다. 이렇게 하면 어떤 한쪽으로 기울지 않고 첫 선택을 잘할 수 있을 것이다. 현재 복무하는 부대에서도 병장들에게 이런 이야기를 자주 해주곤 한다. 하지만 문제는 '선택'을 하지 못하는 것이 가장 큰 문제라고 생각한다.

병장들이 모여서 하는 이야기를 들어보면 가장 많이 나오는 이야기는 전역 후에 어디로 여행 갈 것인지, 어떤 차량을 구매할 것인지 이야기한다. 거의 대다수가 소비에 대한 이야기가 주를 이룬다. 그렇게 그들은 전역 후 가짜 행복을 상상하고 있다.

그러나 올바른 선택을 하는 병사들도 있다. 그들은 예전부터 본인들의 주식 계좌 하나쯤은 가지고 있고, 꽤 많은 주식거래 경험을 가지고 있다. 이것이 바로 단기 소비의 즐거움을 선택한 사람과 장기 투자로 얻는 자산을 선택한 사람의 출발점이 다르다고 말하는 것이다.

소비의 즐거움만 기억하는 출발선의 미래와 자기 주도적인 가치와 목표를 가진 출발선의 미래. 두 가지 중 어떤 선택을 하고 어떤 길을 가는 것에 따라 자신의 미래와 싸워야 하는지 아니면 그 미래를 그릴 수 있는지 정해진다. 나는 그 누구에게도 후자를 선택해야 한다고 하며, 이렇게 말한다.

"남들과 다른 선에서 출발하는 삶을 설계해야 한다."

그들이 부정해도 말이다.

임기제 부사관 : 실전 훈련하기 좋음

병장에서 '인생 설계자'로 거듭난 당신. "나는 시간을 선택했다." 그 선언과 함께 느껴지는 뭔가 떨리는 마음. 임기제 부사관이라는 타이머가 조용히 돌아가기 시작한다. 전역이라는 목표만 바라보며 6개월을 흘려 보내다간, 전혀 준비되지 않은 상태로 인생을 시작하게 될 수 있다. 이 시간은 단지 전역을 향한 여정이 아니라, 인생을 바꿀 전환점이다.

이제 하사로 임관하기 위한 마지막 준비가 필요하다. 군 생활 내내 체력, 사격, 전투 훈련으로 몸을 단련했듯, 이제는 투자 근육을 키워야 한다. 6개월은 길다면 길지만, 작정하고 매월 핵심 훈련과 배움을 실천하면, 당신은 전혀 다른 실력을 가진 투자자로 거듭날 수 있을 것이다.

내가 그 실천 방법을 알려 주겠다. 매월 하나의 주제를 정하고, 철저히 자신의 것으로 만들어 보자. 6개월간의 군 생활처럼, 매월 주제와 목표를 정해 매진해 보는 것이다.

이 루틴은 단지 학습이 아니다. '투자는 지식이 아니라, 나의 일상이다.'라고 생각해야 한 걸음 더 내딛을 수 있다. 동시에 작은 경험이 모여 큰 자신이 되는 것을 느껴보자. 지금부터 6개월은 경험의 시간으로 정하고 실천하자.

매달 1회 내가 정한 금액으로 S&P500 또는 나스닥100 ETF를 적립식 매수하는 것이다. 그럼 '매수, 보유, 기록'의 반복이 나의 투자 근육을 키울 것이다. 이런 작은 경험들이 모여 자신감과 투자 감각을 쌓는 발판이 되는 것이다. 지금, 늦었다고 느껴질 수 있지만, 주변을 돌아보면 시작하지 못한 사람이 더 많다. 하지만 당신은 이미 시작했고, 실행하고 있다는 사실을 잊지 말아야 한다.

임기제 부사관, 당신은 이제 전략의 중심에 있다. 매월 주제와 목표를 세우고 실천하고, 투자 일기를 통해 지식·감정·실천과 결과를 정리해 보자. 6개월이 지났을 때, 당신은 완전히 다른 눈으로 시장을 바라보게 될 것이라고 확신한다.

당신은 다른 출발선을 선택했다. 초보 투자자를 넘어서 스스로 만들 길을 걷는 사람이 될 기회다. 6개월은 단순한 준비 기간 아니다. 당신이 시간을 전략적 자산으로 만드는 구간이다. 작은 루틴으로 시작해 시스템을 만들고, 경험으로 자신을 증명하며, 기록으로 성장의 증표를 쌓고, 투자 기록으로 다음 단계를 설계하는 것, 이것이 바로 임기제 부사관의 진짜 투자 필승 전략이다.

초급 간부 : 탄탄한 신용

초급 간부들은 주목하자.! 초급 간부로서 레버리지를 제대로 활용하는 투자 전략을 알려주겠다. 군인을 직업으로 선택한 당신은 이미 인생 설계자이다. 여기서 핵심은 군인이라는 신용과 안정된 시스템을 레버리지로 활용해 자산을 키우는 구조를 만드는 것이다.

레버리지는 지렛대 원리를 의미한다. 당신은 이미 좋은 무기가 있다. 군 간부는 매월 고정된 급여가 지급되며, 은행에서 우량 신용자로 평가받는다. 즉, 대출을 훨씬 유리한 조건으로 받을 수 있다는 의미이다. 대출은 투자 확장의 도구이자 지렛대인 레버리지다.

흔히 대출은 나쁘다고 생각할 수 있지만, 잘 활용하면 자산을 빠르게 성장시킬 수 있는 좋은 무기가 된다. 초급 간부임을 생각하면 그렇게 많은 금액을 대출해 주지 않지만, 투자를 시작하는 자금 활용하기에는 전혀 부족함이 없다.

나는 지인에게 이런 이야기를 들은 적이 있다. 불을 잘 사용해야 한다고 말이다. 바로 '대출'을 두고 하는 말이다. 불은 잘 사용하면 나에게 따뜻함을 선사하지만 잘못된 방법으로 사용하면 모든 것이 잿더미로 변해버린다. 아무것도 모르면서 무턱대고 남들이 한다고, 뉴스에서 유튜브에서 보여주는 테마주나 코인 몰빵해서 내 돈을 전부 날리는 것처럼 말이다.

우리는 방아쇠를 당길 때 '목적과 원칙'이 있는 저격수처럼 신중해야 한다. 우리가 강력한 무기인 신용을 앞세워 올바른 투자를 한다면 그렇게 하지 않은 초급 간부와는 이미 엄청난 차이가 날 것이다.

다음은 매달 나가는 보험료다. 대부분 30~40만 원대인 이 돈을 내면서 보험비가 가장 아깝다고 말하지 말고 하루빨리 군단체보험으로 나의 보험을 대신하는 것이다. 그래도 병원비가 걱정이라고 한다면 "노후 병원비 목적의 ETF 통장"을 따로 만들어 일부 주식을 옮겨두고 가만히 두는 걸 추천한다. 그렇게 한다면 20년 동안 보험사에서 아프지도 않고 빼앗긴 보험료 대신 자산이 쌓인다. 지출이 아니라 내 인생을 위한 전략적 재배치인 셈이다.

그리고 나의 소비 패턴을 점검해야 한다. 가장 중요한 나만의 현금 흐름표를 작성해서 실천해 보는 것이다. 내가 받는 봉급에서 꽁꽁 숨겨져 있는 돈을 찾아야 한다는 말이다. 그 돈을 찾게 되면 매달 돈이 없다고 시작하지 못한 투자를 적은 금액이지만 할 수 있을 뿐 아니라, 적은 돈이 모이고 모여 눈덩이처럼 불어나는 경험을 하게 될 것이다.

좋은 소비 습관은 처음 사회를 경험하는 초급 간부로서 꼭 지녀야 하는 패시브 스킬(Passive Skill)이다. 나는 이런 질문을 하고 싶다.

"당장 돈을 벌 수 있다고 아르바이트 하는게 좋을까?"

그런 돈도 적절한 소비 습관이 없으면 통째로 사라진다. 부자가 된다는 건 소득이 아니라, 돈의 흐름과 쓰임을 아는 능력이다.

"힘들게 번 돈이니까 이 정도는 써도 돼."
"이만큼 벌었으니까 그만큼 써야지."

이러한 소비는 고급 차량, 해외여행, 고가 쇼핑으로 이어진다. 소비를 하지말라는 것이 아니라, 소비도 계획 안에서 누리라고 말하는 것이다.

소비 중에서도 초급 간부들의 가장 피하기 힘든 소비는 바로 '자동차' 이다. 요즘에는 임관과 동시에 자동차를 구매하는 사람들도 많다. 하지만 여기서 더 큰 문제점은 바로 대출로 구매하는 경우이다. 그리곤 대부분의 사람들은 구매하자 마자 행복에 가득찬 얼굴로 가치가 하락하는 재산을 열심히 닦고 기름칠하기 바쁘다. 그런다고 자동차의 가치는 절대 상승하지 않는데 말이다. 항상 소비를 계획적으로 선택해야 한다. 그게 힘들다면 내가 자주 쓰는 방법이 있는데, 내가 충동적으로 사고 싶은 물건이 생기면 나에게 질문해본다.

"과연 이 물건이 지금 나에게 꼭 필요할까?"

그러면 바로 답이 나온다. 내가 지금 어떤 욕구로 소비를 정당화하려는지 말이다.

보상 심리 소비를 나 자신에게 주는 선물이라고 말하지 않는가?
보험은 위기 대처를 위해 꼭 필요한 것인가?
대출은 최대한 받지 말아야 하는 것인가?

이러한 자기 합리화적 생각보다는 현실적으로 냉정하게 판단하는 나만의 기준을 잡는 게 더 좋은 방법이다.

마지막은 프레임과 루틴이다. 당신은 자산을 설계하는 군인이라는 생각을 마음속 깊이 새겨야 한다. 주어진 근무 시간엔 업무에 집중하고, 강한 책임감으로 나만의 루틴을 지켜야 주변 인식도 바뀐다.

만약 나에게 주어진 업무도 제대로 행하지 않고, 내 미래 준비를 우선시하게 되면, 그 길의 끝은 낭떠러지다. 나는 군인으로 주어진 업무를 충실하게 수행해야지만, 그 이후의 시간을 자유롭게 내 미래를 위해 사용할 수 있다고 생각한다. 그렇지 않으면 주변에서 나를 보는 시선은 업무도 못하는데 허황된 꿈만 가득찬 문제 간부가 되어 있을 것이다. 이게 첫 번째로 이루어져야지만 진정한 투자자라고 할 수 있다.

이 책을 읽고 있는 초급 간부들에게 꼭 이런 말을 해주고 싶다. 군인은 돈을 많이 못 버는 것이 아니라, 벌 수 있는 방법을 알려 주는 사람이 주변에 많이 없는 것이라고 말이다.

언제든지 저자에게 연락해도 좋다. '전역해서 알바해도 군인보다는 많이 벌 꺼야?' 라는 생각보다는 지금부터라도 내게 주어진 상황을 확실하게 판단하고 시작할 수 있는 방법을 찾는 것이다. 전역은 올바른 대피가 아니다. 내가 스스로 선택한 직업에 대한 부정일 뿐이다.

꼭 기억하자. 시작이 또 다른 시작을 만들 수 있다.

중견 간부 : 지금도 늦지 않았다!

중견 간부들에게 나는 한 가지 질문을 던지고 싶다.

"현재의 안정감에 너무 빠져있지 않나요?"

군 복무를 오래 하다 보면 이미 안정된 월급과 수당, 관사 생활이 주어지면서 '지금 상황에서 이 정도면 충분하다'는 무의식적인 생각이 머릿속에 자리 잡기 쉽다. 그리고 돈을 깊게 고민하지 않게 되고, 경제 공부의 필요성을 전혀 느끼지 않게 된다. 그렇기에 더욱더 중견 간부로 갈수록 '내가 지금까지 안정되게 살고 있는데 꼭 그렇게까지 해야 하나?' 라고 많은 사람들이 생각한다.

하지만 그들의 가슴 깊은 곳 한켠에는 돈에 대한 두려움이 자리잡고 있다. 그렇기에 나 스스로 해야 될 이유보다는 하지 말아야 될 이유를 더 많이 찾게 되는 것이다.

그 첫 번째 이유는 주식을 '도박'으로 보는 프레임이다. 많은 중견 간부들의 고정 관념처럼, '주식은 도박'이라는 인식을 갖고 있다. 단기간 수익을 노리고 예측 불가능한 시장에 뛰어드는 것이 도박 같다고 느끼는 거다. 하지만 여기에는 중요한 사실이 빠져 있다. 올바른 투자인지, 올바르지 않은 투자인지 판단하는 기준이 없다는 것. 이 말을 계속해서 강조한다. 올바른 투자의 관점으로 볼 수 있을 때 미국 주식은 '투자' 그 자체다. ETF! 특히 글로벌 우량 기업 기반의 ETF를 장기적으로 투자하고 보유하면, 도박이 아닌 안정적이고 가치있는 자산이 된다.

두 번째 군인은 관사가 지급되면서 현실에 안주하게 된다. 관사에 살다 보면, 집을 마련해야 할 절박함도, 대출이 필요하다는 생각도 들지 않는다. 결과적으로 여유 자금은 '의미 없는 소비'에 쓰이기 쉽다. 아무 대출 없이 편하게 살아가는 것이 좋지만, 중장기 관점에서 그 감춰진 적체 자산의 가치를 깨달을 필요가 있다. 은행과 군인공제회에 돈만 넣는다고 해서 인플레이션 속에 자산의 가치는 커지지 못하고 복리의 효과도 누릴 수 없다.

세 번째 자녀 수당과 적금이 우리 가족을 위한 완벽한 투자일까? 꼭 생각해 봐야 한다. 자녀가 있는 가정에서는 국가에서 지급 또는 지자체에서 지급하는 수당을 은행 적금으로 자녀 대학교 등록금 또는 독립 자금으로 빨리 채워야겠다고 생각하기도 한다. 결혼 자금, 대학교 등록금 큼지막한 목돈이 나가야 할 때를 대비한다는 이유가 가장 크다. 하지만 내 자녀가 그런 나이가 되었을 때 그 돈이 얼만큼의 가치가 있는지 판단해야 한다. 적금의 화폐 가치는 시간이 지남에 따라 줄어든다. 게다가 은행 적금의 숨은 함정 만기 이자까지 더하면 내 원금은 절대 우상향 하지 못한다. 뜨거운 사막에 내가 아이스크림을 들고 있다고 생각해보자. 금방 녹아서 없어질 수밖에 없다. 이것이 바로 화폐로 남아 있을 때 가치는 떨어진다는 의미와 같다. 반면 주식과 부동산은 시간이 지나면서 가치가 오르는 자산이다.

또 다른 방법은 내가 가진 주식을 자녀에게 증여하는 것이다. 만 20세 이하 자녀에게는 2천만 원까지 비과세로 가능하고, 자녀가 어릴수록 더 좋다. 그럴 여유가 되지 않는다면 자녀 이름으로 주식 계좌를 생성해주고 매달 적립식으로 사주는 것도 방법이다. 그렇게 하기만 한다면 이후 자녀에게 필요한 돈은 시간이 만들어 줄 것이다.

그럼 현재 상태를 그대로 두면 어떻게 될까? 군인 공제회에 100만 원씩 30년 납입한다고 가정해 보자. 그 화폐의 가치는 큰 폭으로 줄어들고 현재의 기준으로 상상하던 나의 노후는 절대 이루어질 수 없다. 특히 나는 전역 후 서울 및 수도권 거주 계획이 있다면 더더욱 현실적이지 않다. 그리고 자녀 학비와 혼수 자금까지 모두 은행 적금으로 모은다면, 그 자산은 절대 충분하지 못할 것이다. 복리 효과가 적용되지 않고, 화폐 가치가 하락하는 속도에도 미치지 못하기 때문이다.

중견 간부를 위한 행보관의 솔루션!

"지금이라도 남은 시간을 투자로 바꿔야 한다."

가장 쉬운 시작은 ETF 적립 투자다. 매달 일정 금액을 정해놓고, 자동이체로 S&P 500이나 나스닥 100 같은 ETF에 투자하자. 이건 단순한 예적금이 아니라, 전 세계 1등 기업들이 내 자산을 위해 일하게 만드는 구조다. 단순히 주가에 흔들릴 필요 없다. 시간을 길게 두고 쌓아가면, 이 자산은 복리로 성장해 줄 것이다.

만약 내가 더 강하게 자산을 불리고 싶다면, 레버리지 ETF도 전략이 될 수 있다. TQQQ 같은 3배짜리 ETF는 단기적으로는 등락이 심하지만, 장기적 기준과 확고한 분할 매수 전략을 갖추면 충분히 내 편이 될 수 있다. 단, 여기에는 내가 감당할 수 있는 자금만 쓰고, 반드시 규칙을 정해서 감정에 흔들리지 않아야 한다.

자녀가 있는 경우에는 은행 적금 대신 ETF로 자산을 증여하는 구조도 꼭 만들어야 한다. 2천만 원까지 비과세로 증여 가능하다. 그 말은, 아이 명의로 ETF를 매달 적립해 두면, 학자금이든 결혼자금이든 훗날 쓸 수 있는 진짜 자산이 된다는 뜻이다. 그리고 이건 단순히 돈을 주는 게 아니라, 아이에게 '투자의 시작점'을 만들어 주는 것이기도 하다.

무조건 어렵게 생각하지 말고 생활비, 소비 예산, 투자 예산을 분리하고, 나의 루틴을 잘 만들어두면 이미 절반은 성공이다. 나머지 절반은 그 루틴을 꾸준히 유지하고, 필요할 때 점검하는 습관에서 나온다. 그 습관을 만드는 시점이 바로 지금이다.

그리고 꼭 기억하자. 지금의 안정감은 절대 영원하지 않다. 지금의 월급과 수당, 관사와 혜택을 누릴 수 있는 이 시기야말로, 가장 강력한 자산을 설계할 수 있는 '골든 타임'이다. 군인 공제회, 은행 적금만 믿고 여가에 소비하며 시간을 버린다면 전역할 때 내 계좌는 텅 빈다. 그럼에도 지금 경제적 수준이 충분하다고 생각한다면, 전역 후에 온몸으로 그 생각이 틀렸다는 것을 느끼게 될 것이다.

이렇게 말하고 있는 나도 중견 간부로서, 내가 알려 줄 수 있는 것은 딱 하나다. 지금이라도 미래의 자산 설계자로 살아라. 자산을 설계하지 않으면, 돈의 가치가 줄어드는 시스템 속에서 내 집 마련, 자녀 학비, 노후 대비 모두 물거품이 될 수밖에 없다. 군인이라는 직업이 주는 경제적 안정, 관사, 신용. 이것들은 군인만이 누릴 수 있는 최고의 '레버리지'다. 안정 속에 자신만의 자산 루틴을 설계하고 행동으로 옮겨야 한다.

지금이라도 내가 가고자 하는 길을 선택하고 그 방향으로 나아가야 한다. 중견 간부로서의 진짜 길은, 안정 속에서도 자유롭고 성장 가능한 삶을 설계하는 것이다.

군인가족, 작은형수의 경제 이야기

나는 20년 넘게 군 복무를 해온 가장 친한 동료가 있다. 그들을 나는 큰형, 작은형이라고 부르고 있다. 그 중 '작은형'의 아내, 작은형수는 군인 가족으로서의 삶을 누구보다 오래 살아온 사람이다.

이번 인터뷰에서 나는 그녀에게 단순히 돈에 대한 이야기가 아닌, 군인의 아내로서 살아온 시간과 그 속에서 만들어진 경제관을 묻고 싶었다.

"내 이름은 어디로 갔을까?"
"군인 아내가 되면서 제 이름은 사라졌어요."

결혼과 함께 그녀의 삶은 바뀌었다. 전방 부대 소속인 남편을 따라 강원도 양구라는 지역으로 이사하게 되었고, 자연스럽게 예전처럼 자신의 커리어를 잇는 것은 어려운 일이 되었다.

"결혼해서 남편을 따라 전방(시골)으로 오다 보니 10년 전 대학 시절처럼 다시 취업 고민을 해야 하는 상황이더라고요. 그 속에서 뚜렷한 경제 목표를 세우기는 쉽지 않았어요."

그녀에게 결혼 초기의 경제적 구상은 막연한 기대에 가까웠다. '10년쯤 지나면 내 집 하나쯤은 생기지 않을까.' 당장의 삶은 괜찮았기에, '지금은 아끼고 잘 모으면 되겠지'라는 낙관 속에서 살았다고 했다.

"10년이 코앞인데, 아직도 실현은 하지 못했어요."

부부가 함께 노력했지만, 생각만큼 돈은 모이지 않았다. 매달 고정적인 급여가 들어오는 직업을 가진 남편이지만, 그것만으로는 투자, 저축, 소비까지 다 해내기엔 늘 빠듯했다.

"모자라진 않았지만, 남지도 않았어요. 조금 모였다 싶으면 경조사나 집안일로 획획 나가버리더라고요."

시골에 살면서 일자리를 구하기 어려웠고, 알바 외에는 대안이 없었다. 맞벌이를 하기 힘든 여건 속에서 '투자'는 먼 이야기처럼 느껴졌다고 한다.

"노동의 한계를 넘어야 한다고 생각했어요"

작은형수는 주식 투자에 대해 긍정적이었다. 시간이 지나며 그녀는 분명하게 인식했다. 노동에는 한계가 있고, 주식은 그 이후를 준비하는 방법이라는 걸.

"노동은 언젠가 신체가 따라주지 않게 돼요. 그래서 결국

엔 돈이 돈을 벌게 만들어줘야 해요."

그녀는 몇 년 전부터 미국 주식에 관심을 가졌고, 국내 상장된 ETF에 연금저축과 ISA로 분산 투자하여 소득공제 혜택도 챙기고 있었다. 하지만 완전한 확신을 가진 상태는 아니었다.

연금 수령 구조, 남편의 군인연금과의 조화, 그리고 미국 직접 투자의 효율성 등… 결정은 늘 고민 속에 있었다.

"자산 관리는 아직 '진행 중'이에요. 확신이 없어서가 아니라, 아직도 더 배워야 한다는 생각이 커요."

전역 이후, 우리는 어떻게 살고 싶을까? 작은형수가 그리는 이상적인 미래는 '월 현금 흐름 600만 원'의 삶이다. 남편의 연금과 배당금, 부동산 임대 수익, 여유가 되면 개인 사업을 통한 추가 수익. 이것이 그녀가 바라는 남편의 전역 이후의 삶의 구조였다. 그 구조 속에 남편 혼자 벌지 않아도 되는, 두 사람의 균형과 독립성이 담겨 있었다.

작은 형수의 삶이 만든 경제 철학

작은형수의 말에는 어떤 특별한 금융 지식이나 테크닉은 없었지만 대신, 오랜 시간의 생활 속에서 길어 올린 지혜가 담겨 있었다. 그녀는 고정된 수입으로는 절대 부자가 될 수 없다는 걸 알고 있었다. 그리고 무엇보다 중요한 건 시간이 흐를수록 경제에 대해 '생각하는 힘'이었다.

"나는 그냥 군인의 아내가 아니라, 경제를 함께 꾸려가는 가족의 일부라는 생각을 가지려고 해요."

작은형수는 여전히 자신의 이름을 되찾아가는 중이다. 누구의 와이프, 누구의 가족이 아닌 자신의 삶을 이름으로 부를 수 있는 그날까지, 그녀는 경제라는 도구를 하나씩 배워가고 있었다.

그녀의 모습은 현명한 투자자 그 자체였다. 조용하고 묵묵하게, 그러나 끈질기게 삶을 설계해 나가는 군인 아내의 자산 성장기는 앞으로도 계속될 것이다.

네이버 카페 리치군인

함께 하는 재테크 스터디

군인과 가족들에게 필요한 지식을 진심으로 나눕니다.

<도서출판 드림벙커>

에필로그

시작이 반이다. 미국 주식으로 내 자산을 진급시키자! 모든 명령에는 마무리가 있다. "이상, 전달 끝!" 그 말이 나오면 한 박자 숨을 고른다. 최종 점검하고, 앞으로 나아갈 작전을 구상한다.

"이상 전달 끝.
이제는 당신의 투자 전투가 시작될 차례다."

나는 미국 주식을 통해 자산을 진급시키는 방법을 알려 주고 싶었다. 나도 처음엔 그저 나랑 상관없는 일이라고 생각했고, 소소한 관심이었다. 하지만 나를 깨워주는 목소리에 반응하여, 직접 경험하고 실전에서 훈련하면서 깨달았다. '미국 주식은 총은 아니지만, 자산을 지킬 수 있는 가장 강력한 무기'라는 것을 말이다.

이 책을 통해 나는 전입 신병부터 중견 간부까지, 각 단계마다 겪는 현실과 고민을 함께 나눴고, 그 속에서 실제 가능한 전략들을 전파했다.

복리는 군기처럼 한번 잡히면 절대 흔들리지 않는다. 우리는 그 습관을 만들기 위해 이 책을 읽었고, 이제는 행동으로 옮겨야 한다. 미국 주식 시장은 정말 크고, 다양하다. 하지만 그렇기에 누구에게나 열려 있다. 그리고 누구든, '지금부터라도' 시작하면 된다. 처음부터 다 알 필요도, 큰돈이 있어야 할 필요도 없다. 중요한 건 "내가 지금 여기에 있다"는 생각이다.

처음 군대에 입대해서 아무것도 몰라 당황했던 신병처럼. 나도 처음에는 ETF가 뭔지도 몰랐고, 주식 용어는 영어보다 더 어렵게 느껴졌다. 하지만 꾸준히 해보니 어느새 '아, 이게 내 언어가 되는구나' 싶었다.

이제는 나 혼자가 아니다. 이 책을 함께 읽은 여러분들이 나와 같은 투자 전우이다. 우리는 서로 다른 부대에서, 다른 일과 속에서 살지만 같은 목표를 향해 가는 사람들이다.

'자산의 진급', 더 이상 선택이 아니라, 책임이다. 자신과 가족을 위한 경제적 준비, 그건 누구도 대신해 줄 수 없는 나의 의무다.

주식은 빠르게 돈을 버는 도구가 아니다. 꾸준하게 내 자산을 진급시키는 시스템이다. 군인의 삶은 바쁘고 치열하다. 그렇기에 투자 전략은 단순하고 효율적이어야 한다. ETF는 그 시작에 가장 적합한 무기다. NASDAQ 100, S&P 500은 그냥 영어일 뿐인 이 글자가 여러분들의 미래를 바꿀 수 있다. 계급이 오르듯, 자산도 오를 수 있다. 그걸 가능하게 만드는 건 바로 '습관'이다.

이 책은 끝났지만, 여러분들의 투자는 이제부터 시작이다. 오늘은 여러분의 전역일이 아니라, 임관일이 되기를 바란다. 시작이 반이다. 지금, 바로 당신의 미국 주식 작전을 개시하라.

이상, 전달 끝.